L'Affaire Alexis

IMP. DUBOIS ET BAUER
34, rue Laffitte
PARIS
—
1930

L'Affaire Alexis

Avant-Propos

Maurice Alexis, ancien pilote du port de Haïphong, a-t-il, dans la soirée du 8 juillet 1927, sauvagement assassiné le commis des Douanes Noël et a-t-il jeté le cadavre de sa victime dans la mare de Nga-Hoang sur la route d'Hanoï au Tam-Dao ?

Par deux fois, la Cour criminelle d'Hanoï l'a estimé coupable, le condamnant à la peine des travaux forcés à perpétuité. L'opinion publique indo-chinoise, encore à l'heure actuelle et malgré le temps qui passe, n'a pas ratifié cette condamnation. Jamais une preuve sérieuse n'a confondu la défense. Maurice Alexis, aux pires heures de sa détresse qui, sans nul doute, sont les heures présentes, proteste encore avec un courage inlassable de son innocence. Fils d'un magistrat estimé, marié et père de deux enfants, il n'est plus aujourd'hui qu'un misérable « bagnard ». On trouvera ici les raisons de la protestation de cet homme contre la condamnation qui l'accable. Ce sont les raisons de son espérance.

Introduction

Par arrêt du 2 mars 1928, la Cour Criminelle de Hanoï a condamné Alexis (Maurice), capitaine au long cours, à la peine des travaux forcés à perpétuité pour assassinat de M. Noël, commis des Douanes et Régies de l'Indochine.

Cet arrêt ayant été cassé par la Chambre Criminelle, l'affaire fut renvoyée devant la Cour Criminelle de Hanoï, autrement composée. Alexis fut à nouveau condamné à la même peine par arrêt du 3 mars 1929.

Alexis s'est pourvu en cassation, mais son pourvoi a été rejeté par arrêt de la Chambre Criminelle du 12 décembre 1929. Alexis a été ramené en France à destination de la Guyane et se trouve actuellement détenu aux prisons de Fresnes.

Il a saisi M. le Garde des Sceaux, Ministre de la Justice, d'une requête en revision qui est en instance. Fort de son innocence qu'il n'a pas cessé de proclamer au cours des deux débats qui se sont déroulés devant la Cour de Hanoï, Alexis demeure intimement persuadé que cette revision s'impose dès maintenant en raison des faits nouveaux qui se sont produits après le second arrêt du 3 mars 1929.

Le présent mémoire a pour objet de faire apparaître :

I. — La singulière fragilité des simples présomptions sur lesquelles Alexis a été condamné pour assassinat à la peine des travaux forcés à perpétuité.

II. — Les inadmissibles conditions dans lesquelles il a été procédé à l'instruction de cette affaire.

III. — Les faits nouveaux qui doivent entraîner la revision du procès.

CHAPITRE PREMIER

La singulière fragilité des simples présomptions sur lesquelles Alexis a été condamné pour assassinat à la peine des travaux forcés à perpétuité.

Il n'est que de reprendre l'acte d'accusation (1) du 26 novembre 1927 pour faire apparaître l'imprécision extraordinaire et inhabituelle des charges retenues par l'accusation et de rappeler les faits établis à l'audience qui viennent battre en brèche ces charges elles-mêmes, pour aussi vagues et imprécises qu'elles soient.

L'accusation s'est tout d'abord attachée à « démontrer » le caractère invraisemblable de la version fournie par Alexis. Celle-ci s'analyse de la manière suivante :

« Le 8 juillet 1927, Noël ayant prié Alexis de l'amener dans son « automobile au Tam-Dao, Alexis y consentit ; Alexis et Noël « partirent vers 18 heures. Noël tenait le volant.

« Depuis la bifurcation des routes du Tam-Dao et de Vin-Yen, « une automobile suivit celle d'Alexis, puis la dépassa. Elle « ralentit alors sa marche, puis stoppa à quelque distance du « pont des Linh.

« Un des occupants fit le signal d'arrêt de son bras passé à « l'extérieur de la voiture. Noël stoppa. Un individu vêtu à l'euro- « péenne et en kaki descendit de la voiture. Un deuxième rejoi- « gnit le premier. Puis un troisième sortit de la voiture et « demeura à côté d'elle, surveillant les gestes des deux autres.

« Le premier de ceux-ci vint, à la gauche de Noël et brusque- « ment l'injuria, tandis que le deuxième, dans le même moment, « ouvrait la portière droite de l'automobile d'Alexis banquette « arrière et tirait sur Noël, qui avait la tête tournée vers son insul- « teur, des coups de revolver qui atteignirent la victime en bas, « en arrière et à gauche de la tête, et le tuèrent net.

« Au moment de tirer le coup de feu, il dit : « Tu as trahi » « ou « Toi trahi ».

« Le crime avait duré à peine trois ou quatre secondes. Alexis « ne put se rendre compte des intentions des agresseurs que

(1) Voir acte d'accusation, première pièce annexe.

« lorsque leur forfait fut accompli. Il n'avait rien pu et ne pou-
« vait, hélas ! rien, alors, pour défendre Noël.

« Menacé lui-même, il n'eut pas davantage liberté de venger
« son camarade ou de remettre les assassins entre les mains de
« la police. Terrorisé, il a obéi à leur ordre de silence. »

*
* *

L'acte d'accusation, en présence de ce récit, affirme d'abord :

1° Qu'il est inadmissible qu'Alexis, homme énergique et audacieux, se soit laissé intimider par la menace des assassins et ait gardé jusqu'à son arrestation un silence complet sur le crime auquel il avait assisté, ait même restitué aux assassins, en le jetant sous sa véranda, le costume kaki qu'ils lui avaient prêté et qui pouvait suffire à les identifier et ne se soit aucunement inquiété de savoir qui viendrait chercher ce costume ;

2° Qu'il est également inadmissible que cette terreur des représailles qui avait été assez forte pour faire d'Alexis le complice des assassins, ait brusquement disparu dès son arrestation et qu'il ait dès lors raconté au juge d'instruction tout ce qu'il savait sans manifester aucune crainte.

Le silence d'Alexis, qui pourrait apparaître comme difficilement admissible à l'occasion d'un crime commis dans la métropole, ne l'est en rien au Tonkin, si, comme il est vraisemblable, Noël a été la victime de représailles politiques. A cet égard, il a été affirmé, non sans doute par l'accusation qui n'y a pas cru, mais par le journal de M. de Montpezat, *La Volonté Indochinoise*, qui s'est souvent fait l'auxiliaire bénévole de l'accusation, que Noël, la victime, était sur le point de constituer à Hanoï une ligue antibolcheviste, de nature à l'exposer à des dangers de toutes sortes.

La Volonté Indochinoise du 14 juillet 1927 s'exprimait ainsi :
« Noël voulait agir. Il consulta le délégué de l'Annam
« (M. de Montpezat) sur l'opportunité de créer une ligue anti-
« bolcheviste destinée à s'opposer aux agissements criminels dont
« l'Indochine est le théâtre. Cette ligue devait réunir tous les
« bons Français, sans distinction d'opinions politiques autres que
« celles qui confinent au bolchevisme. M. de Montpezat ne put
« qu'approuver cette initiative manifestement opportune. Tout
« joyeux, Noël vint, il y a quelques jours, annoncer à notre
« Directeur les progrès remarquables de l'Association. Il s'agis-
« sait de réunir une Assemblée générale où des projets de statuts
« seraient adoptés. C'est à ce moment que Noël a été assassiné...
« Le crime n'a pas une marque française quoi qu'on en puisse

« dire en haut lieu pour les raisons intéressées que l'on devine.
« C'est la marque du terrorisme bolchevique, dans toute sa brutale
« sauvagerie. »

A la veille de sa mort, il a été prouvé que Noël avait des inquiétudes dont il se serait ouvert à M. Bonnal, Inspecteur principal de la Garde indigène, en lui disant :

« Je sais qu'ils veulent ma peau, mais il ne m'auront pas. » Le crime, dans la version d'Alexis, a été précisément celui que redoutait Noël. Commis brutalement en quelques secondes par les émissaires d'une Société chinoise secrète, comment Alexis n'aurait-il pas redouté la vengeance dont il était menacé s'il avait parlé ? Pour aussi énergique et audacieux qu'il soit, ce qui n'est d'ailleurs qu'une simple affirmation, Alexis a pu être sujet à redouter l'action occulte mais toujours effective de ces puissants groupements secrets, en étroites relations avec les bolchevistes russes ou chinois de Canton. Il les connaissait pour avoir mené une action officieuse dans la Chine du Sud pour le compte du Gouvernement Général ; il savait qu'on n'échappe pas à leur poursuite implacable et à l'exécution de leurs décisions de mort. Il a eu peur et il n'y a là rien d'inadmissible. D'autres crimes ont été commis en 1929 et 1930 par des bolchevistes chinois au Toukin, révélant une promptitude et une audace à faire reculer les plus courageux. (Assassinat de M. Vire, de M. Levadoux, de M. Bazin. Assassinat d'une jeune fille à Haïphong. Procès des organisations nationalistes et bolchevistes Viet-Nam-Quoc-Dang-Dang et Cong-San. Assassinat d'un émissaire au jardin botanique. Tentative d'assassinat sur la personne de M. Saint-Genis, brigadier de police à Hanoï. Assassinat de M. Mazella, en juin 1930.) De ces crimes, les auteurs restent introuvables le plus souvent. Ce n'est pas à l'heure actuelle, dans une période de troubles politiques extrêmement graves au Tonkin, que l'on peut nier la terreur que peuvent inspirer, même aux hommes les plus courageux, les actes de banditisme qui, bien que constamment renouvelés, restent presque toujours impunis. Alexis, menacé, a craint de subir le même sort qu'avait subi Noël et que devaient subir les autres victimes du terrorisme bolchevique chinois, et il a gardé le silence. Peut-être peut-on lui reprocher de n'avoir pas vaincu sa crainte. Est-ce une raison de le dire coupable ?

L'acte d'accusation fait allusion au costume kaki qu'Alexis aurait restitué aux assassins en le jetant sous la véranda de l'hôtel qu'il habitait, dans la nuit du 8 juillet, à son retour à Hanoï. Effectivement, Alexis a toujours déclaré que son pantalon ayant été éclaboussé par le sang de Noël, les assassins lui avaient fait revêtir le costume kaki de l'un d'eux, en lui intimant l'ordre de jeter ce costume sous la véranda de son hôtel, à l'annexe, dans le jardin absolument désert la nuit ; ils devaient y parvenir peu de temps après lui et retirer ledit costume. L'acte d'accusation s'étonne de ce fait, en faisant observer que si Alexis avait gardé ce costume, il y aurait eu là un élément susceptible de conduire à une identification des assassins. C'est l'étonnement de l'accusation qui est singulier. Alexis n'avait aucun besoin, pour la défense de la version qu'il a donnée du crime, de raconter *ce détail du prêt par les assassins* d'un costume kaki, ensuite restitué par lui. Il y a là un fait qu'on ne connaît que par ce qu'en a dit l'accusé et que celui-ci n'invente pas, alors surtout que ce fait n'est d'aucune utilité à la défense et que même, par son caractère au premier abord un peu singulier, il aurait plutôt pour effet de l'affaiblir. La vérité est qu'Alexis, toujours sous l'empire de la peur, parfaitement compréhensible à la suite de la scène d'horreur à laquelle il avait assisté, a fait ce que lui ont dit de faire les assassins de Noël, soucieux de ne laisser aucune trace de leur crime.

Quant au fait que du jour de son arrestation, Alexis ait raconté au juge d'instruction tout ce qu'il savait, il ne présente véritablement aucun caractère suspect. Que peut faire un homme arrêté et sur lequel on fait peser de lourds soupçons, si ce n'est de se défendre en disant ce qu'il sait ? La terreur manifestée par Alexis et qui l'avait empêché de parler pendant trois jours a cédé devant une terreur plus grande : celle d'être injustement soupçonné d'un crime qu'il n'avait pas commis. Il n'y a là rien que de parfaitement explicable de la part d'un homme qui, du jour de son arrestation, a compris le danger de son silence et préféré à l'infamie d'une condamnation le risque d'une vengeance contre laquelle il se trouvait d'ailleurs momentanément prémuni par sa détention même.

*
* *

L'acte d'accusation, toujours en vue de faire apparaître la prétendue inexactitude du récit formulé par Alexis, pose, en outre, deux faits comme définitivement établis :

1° En premier lieu, il resulterait de l'expertise médico-légale que Noël n'a pas reçu de blessures par balles de revolver, contrairement au récit d'Alexis ;

2° En second lieu, il serait établi par l'expertise chimico-légale que le tapis du compartiment arrière de la voiture d'Alexis portait une large tache de sang humain qui s'étendait à la peluche capitonnant la partie arrière de la banquette placée immédiatement au-dessus, ce qui *semble* indiquer que le corps de Noël a été transporté dans l'automobile, contrairement au récit d'Alexis, d'après lequel Noël aurait été frappé sur le siège avant et serait tombé sur la portière gauche avant.

*
* *

1° Sur le premier point, l'accusation se fonde sur l'expertise faite par les docteurs Leroy des Barres et Blot. Me Mandrette, avocat d'Alexis, avait demandé à la Cour Criminelle de Hanoï, une contre-expertise par trois médecins, dont le docteur Paul. Cette contre-expertise a été refusée. Elle s'imposait cependant en présence des conclusions formelles du rapport officieux du docteur Dupinet, 15, rue Moncey, à Paris, qui contredisent formellement l'affirmation des trois experts selon laquelle Noël n'aurait pas été tué par un coup de revolver.

Ces conclusions sont essentiellement les suivantes :

I. — « Aucune des prémisses et la discussion même du rapport « de MM. Leroy des Barres et Blot ne leur permettaient de tirer « de ce rapport les conclusions qu'ils en ont tirées...

II. — « Les deux autopsies me semblent insuffisantes parce que « faites dans des conditions déplorables d'une part et d'autre part « il m'a paru que le rapport des docteurs Leroy des Barres et Blot « manquait d'objectivité scientifique...

III. — « Il n'est pas prouvé que toutes les plaies aient été retrou- « vées, examinées, interprétées d'une façon scientifique...

IV. — « Les conclusions du rapport des docteurs Leroy des « Barres et Blot sont parfois en contradiction avec les affirma- « tions de la discussion... En somme, ils créent deux hypothèses « sans motifs plausibles qu'ils soutiennent par une hypothèse « qu'ils n'ont pu démontrer (l'étouffement).

V.— « *Quand les experts disent* « *aucune trace de coup de feu* « *n'a été retrouvée..., etc...* », *ils font une déclaration qui n'est* « *vraie que s'il est démontré que les plaies de la bouche ne sont* « *pas dues à un coup de feu. Or, c'est justement ce qu'il s'agit* « *de démontrer, et MM. Leroy des Barres et Blot ne l'ont nulle-* « *ment démontré.*

VI. — « Enfin, je terminerai en déclarant très nettement que « le rapport de MM. Leroy des Barres et Blot n'a pas été une « surprise que pour moi, mais que plusieurs médecins légistes

« très distingués de Paris auxquels je l'ai montré m'ont forte-
« ment conseillé de réclamer au Tribunal une expertise faite par
« des médecins habitués à ne faire sortir des faits que la quantité
« et la qualité des vérités qu'ils peuvent contenir. »

C'est néanmoins sur le rapport des experts, ainsi combattu dans ses éléments essentiels, notamment quant à l'affirmation selon laquelle Noël n'aurait pas reçu un coup de revolver, que s'appuie l'acte d'accusation. En l'état de l'instruction, rien ne permet, en effet, en dehors de ce rapport, de dire qu'Alexis a menti lorsqu'il a déclaré que Noël avait été tué par une balle de revolver.

Est-il besoin d'ajouter aux conclusions de M. le docteur Dupinet un argument de bon sens et qui vient à l'esprit du moins averti. Alexis, s'il est coupable, sait bien comment il a tué Noël. Il donnerait une version mensongère, soit. Mais pourquoi aurait-il raconté que c'est d'une balle de revolver que Noël est mort, alors que, par hypothèse, il saurait pertinemment qu'il l'a tué d'une autre façon ? En le disant, il affaiblirait la portée de sa propre version, puisqu'il sait que les vérifications porteront inévitablement sur ce point et viendront peut-être infirmer ses déclarations. Il lui était tout aussi facile de dire que les indigènes avaient assassiné Noël, comme MM. Leroy des Barres et Blot veulent que celui-ci ait été assassiné.

S'il ne l'a pas fait, c'est qu'il dit la vérité : c'est bien sous le coup d'une balle de revolver que Noël a trouvé la mort.

2° Il serait établi, d'autre part, par l'expertise chimico-légale, que le tapis du compartiment arrière de la voiture d'Alexis portait une large tache de sang humain qui s'étendait à la peluche capitonnant la partie arrière de la banquette placée immédiatement au-dessus, ce qui « semblerait » indiquer que le corps de Noël a été transporté dans l'automobile, contrairement au récit d'Alexis d'après lequel Noël aurait été frappé sur le siège avant et serait tombé sur la portière gauche avant.

Nous abordons ici un des points les plus troublants de ce procès, qui fait apparaître pour la première fois les conditions incroyables dans lesquelles l'instruction de cette affaire a été poursuivie par la police judiciaire. Dès le premier jour, celle-ci a soupçonné Alexis, qui a été arrêté tout aussitôt.

La voiture a été amenée à la Sûreté dix jours après l'arrestation d'Alexis. C'est à ce moment qu'on découvre une tache sur le tapis arrière de la voiture qui occuperait l'angle droit avant du tapis, tout contre le dos du siège. Une expertise, ordonnée deux jours après, révéla qu'il s'agissait d'une tache de sang, sans que l'expert, M. Cesari, puisse affirmer qu'elle soit de sang humain.

Cette tache de sang existait-elle avant qu'elle ne soit « découverte » par la police judiciaire ? Avec la dernière des énergies Alexis l'a toujours nié et il a été prouvé à l'instruction que c'est Alexis qui avait raison contre la Sûreté.

En effet, sur la demande de l'accusé, le juge d'instruction, M. Giaccobi, a fait venir à son cabinet le boy Dot, sans prévenir de cette convocation la Sûreté Générale. Le boy Dot a déclaré en propres termes qu'il avait brossé et battu le tapis à Haïphong le 11 juillet et qu'il n'avait pas vu de tache sur celui-ci.

Au reste, que d'invraisemblance dans cette partie de l'accusation. Alexis a eu cinq jours entre la date du crime et celle de son arrestation pour faire disparaître la prétendue tache ; c'est un travail que l'on fait vite et facilement s'il est à faire, quand on est coupable... Alexis l'aurait négligé ! On retrouve, il est vrai, nous dit-on, quelques traces laissant supposer qu'on a commencé un travail de grattage de la tache. Il aurait tout de même fallu qu'Alexis, s'il était coupable, veuille se faire arrêter pour qu'ayant vu cette tache, ayant commencé à la faire disparaître par un grattage, il ne l'ait pas totalement effacée, ce qui lui était facile. Loin de là, c'est à son boy Dot qu'il a confié le soin, le 11 juillet, de laver la voiture. Le boy Dot, interrogé en dehors de toute intervention de la Sûreté Générale, a brossé le tapis. Il n'a vu aucune tache.

Enfin, il a été démontré à l'audience (voir plaidoirie de Me Mandrette), que la forme même de cette tache était de telle nature que celle-ci ne pouvait avoir été faite qu'artificiellement et non par un cadavre transporté dans n'importe quelle position sur le plancher arrière de la voiture. Il aurait été facile de vérifier cette démonstration, par une reconstitution du crime, dans la version même de l'accusation ; cette reconstitution a toujours été refusée à Alexis.

M. l'Avocat Général, sentant la faiblesse de l'acte d'accusation sur ce point particulier, a fini par déclarer d'ailleurs à l'audience : « Qu'il ne savait ni où ni comment Noël était mort » — ce qui ne l'a pas empêché de réclamer contre Alexis la peine de mort !

*
* *

L'acte d'accusation prétendant, dans les conditions qui viennent d'être relatées, avoir démontré la fausseté du récit d'Alexis, ajoute qu'à la « présomption » qui résulte de ses « mensonges », viennent s'ajouter d'autres présomptions très graves desquelles il résulterait que non seulement Alexis a commis un meurtre sur la personne de Noël, mais encore qu'il a prémédité ce crime plusieurs jours à l'avance. Des témoignages formels prouveraient que plusieurs jours avant le crime, Alexis s'était procuré le sac dans lequel fut trouvé le cadavre, la pièce de fonte qui le retenait au fond de l'eau et la corde qui liait la pièce de fonte au cadavre. Cette corde était, en outre, nouée, selon l'accusation, d'un nœud familier aux gens de mer, alors que d'après le récit d'Alexis ce nœud aurait été fait par les assassins métis indigènes. En outre, Alexis portait après le crime une écorchure au front qu'il attribue à un faux mouvement fait en démontant une roue, « mais qu'on peut supposer avoir été faite au cours d'une lutte corps à corps ».

Nous écarterons immédiatement de toute discussion cette dernière charge. En effet, Alexis avait déclaré à l'instruction qu'il s'était fait une légère égratignure au front au changeant une roue d'auto sur la route de Haïphong le 11 juillet ; il avait demandé au juge d'instruction de vouloir bien entendre le garagiste annamite Bui-Duc-Kinh qui l'avait aidé sur la route à accomplir ce travail. On le lui a refusé. Mais, à l'audience, ce garagiste est tout de même venu — sans qu'il ait jamais été questionné par la Sûreté Générale — et il a confirmé les dires d'Alexis. L'accusation a dû battre en retraite.

Restent donc :

A) La pièce de fonte ;

B) Les sacs enveloppant le cadavre de Noël ;

C) La corde qui retenait le corps à la pièce de fonte et le nœud dit « marin ».

Il est aujourd'hui permis d'affirmer que l'accusation s'est également effondrée sur chacun de ces trois points.

A. — *La pièce de fonte.*

Alexis n'a jamais nié qu'il s'était procuré la gueuse de fonte qui avait servi aux assassins pour entraîner le cadavre au fond de l'eau, le 6 juillet 1927, à Haïphong, aux Etablissements Bach-Thaï-Buoï, pour lui servir à équilibrer sa voiture qui penchait de gauche à droite. Cette gueuse a été aperçue par les assassins au moment du crime. Ils l'ont enlevée et utilisée pour achever leur macabre besogne et tenter de faire disparaître dans la mare de Nga-Hoang le cadavre de leur victime.

Il est absolument inconcevable que l'accusation ait pu soutenir que l'acquisition d'une gueuse de fonte par Alexis ait été effectuée dans un dessein criminel. En effet, il est constant qu'Alexis ne s'est caché de quiconque pour trouver un poids de fer en vue de caler sa voiture automobile et que même, dès le 1er juillet 1927, il en avait parlé à M. Bach-Thaï-Dao. Alexis, accompagné de ce notable indigène, est allé à Hanoï chez plusieurs marchands de ferraille et ne trouvant rien à sa convenance, il a informé Dao qu'il s'adresserait aux Etablissements Bach-Thaï-Buoï, à Haïphong, où il a choisi et emporté un morceau hors d'usage de grille de chaudière, en présence de l'employé Gui et malgré les scrupules de celui-ci à le lui laisser prendre, en l'absence de son patron. Est-ce ainsi que l'on procède lorsqu'on veut acquérir un instrument que l'on destine à l'exécution d'un crime ?

Il est vrai qu'on a prétendu qu'il était inadmissible d'utiliser un poids de fer pour équilibrer une automobile. M. Bach-Thaï-Dao n'en avait cependant manifesté aucune surprise. M. Girardot, garagiste à Hanoï, témoin à l'audience et qui connaissait l'imperfection de la voiture, pas davantage. L'employé Gui, des Etablissements Bach-Thaï-Buoï, non plus. N'importe quel expert peut affirmer que le procédé employé par Alexis était peut-être empirique, mais qu'il était efficace et Me Mandrette, dans sa plaidoirie devant la Cour d'Hanoï, a pu exprimer que lui-même avait eu recours à un procédé semblable, sur les conseils du Directeur des ateliers de la Société des Transports automobiles Indochinois.

L'accusation, qui comprenait la faiblesse de l'argument qu'elle entendait tirer de l'acquisition par Alexis de la gueuse de fonte, le 6 juillet, a fait entendre deux témoins indigènes, le chauffeur Dan et le boy Dot, que nous retrouverons souvent dans l'examen de ce procès, et qui déposent sous les menaces dont ils ont reconnu être l'objet de la part de la Police ; ces deux témoins d'affirmer que la pièce de fonte était placée transversalement, sur le plancher arrière de la voiture, d'où cette conséquence qu'elle ne pouvait servir à son équilibre. Or, il est aujourd'hui démontré que le boy Dot a menti. Il n'a pu remarquer, comme il le prétend, le 6 juillet, la grille de chaudière placée transversalement dans le fond de la voiture au garage de l'annexe du Coq d'Or, où habitait Alexis. En effet, selon la déclaration de Dan lui-même, Dot est bien rentré de Haïphong avec Alexis le 6 juillet, mais il a quitté son patron rue de Tien-Tsin, pour dîner avec Dan avant le retour au garage. Quant à l'affirmation de Dan, qui soutient avoir vu la pièce de fonte toujours placée transversalement le 6, le 7 et le 8 juillet, sa déposition s'explique par le fait que la pièce de fonte étant légèrement trop longue, Alexis l'avait placée sur le côté gauche du plancher arrière, longitudinalement, mais un peu de biais. Il était facile de vérifier à cet égard les dires de l'accusé qui avait demandé que l'on examinât la peluche du siège qui avait été usée par l'extrémité de la gueuse, ce qui aurait permis d'établir exactement la place occupée par cette dernière sur la voiture. On s'y est toujours refusé.

Est-il besoin d'ajouter qu'Alexis se préoccupait, dès le 1er juillet 1927, de l'achat d'un poids de fer ? Or, ce n'est que quelques jours plus tard, dans la thèse même de l'accusation, qu'il a pu avoir une raison d'assassiner Noël, raison dont nous démontrerons d'ailleurs plus loin l'inanité.

Il ne reste rien, en définitive, de l'élément de préméditation retenu sur ce point par le Ministère Public.

B. — *Les sacs enveloppant le cadavre de Noël.*

Pour l'accusation, le 7 juillet 1927, veille du crime, Alexis conduit en voiture automobile par le chauffeur Dan à Sam-Son, se serait arrêté à Thanhoa, serait entré dans une boutique appartenant au Chinois Soï-Khéoc et aurait acheté trois sacs de jute qui lui auraient été vendus par le Chinois Lam-Ngay-Souï ; deux de ces sacs seraient ceux qui auraient servi de linceul au cadavre de l'infortunée victime.

Or, il n'a pu être démontré :

a) Qu'Alexis, qui, le 7 juillet à Thanhoa, a bien acheté un bloc de glace à la boutique Soï-Khéoc, y ait acheté des sacs ;

b) Que si des sacs ont été vendus à une date indéterminée aux alentours du 7 juillet par la boutique Soï-Khéoc à un Européen — qui n'est pas Alexis — ces sacs sont ceux qui enveloppaient le cadavre de Noël.

*
* *

a) C'est le chauffeur Dan, qui, au début même de l'affaire ayant été arrêté sans motif plausible par la Sûreté Générale, interrogé d'abord par celle-ci sous la menace d'être frappé (voir déclaration au juge d'instruction du 30 juillet), n'a pas hésité à déclarer qu'Alexis avait acheté en même temps qu'un bloc de glace, trois sacs. Ce témoin indigène, dont la moralité se dégage du fait qu'en janvier 1930, il a participé à une attaque à main armée d'une voiture de transports en commun aux environs d'Hanoï, a maintenu cette déclaration devant le juge d'instruction, mais avec des variantes si nombreuses et si contradictoires qu'il est impossible d'attacher une valeur probatoire quelconque à ses dires, dont l'exactitude est d'ailleurs infirmée d'une manière absolue par les dépositions d'autres témoins. Successivement Dan a affirmé qu'Alexis était sorti de la boutique portant de la glace suivi d'un Chinois porteur de trois sacs. Puis il a dit qu'Alexis portait lui-même les sacs pliés sans qu'il fût possible d'en connaître le nombre, qu'il ne connut qu'après l'arrivée à Sam-Son; puis enfin que c'est le Chinois qui portait les sacs et la glace, Alexis ne portant qu'un petit paquet enveloppé de papier jaune. Successivement il a affirmé avoir demandé à Alexis la raison de cet achat, puis l'a nié ; enfin et surtout, dans son interrogatoire du 23 juillet, il ajoutait qu'un pêcheur de Sam-Son, Le-Van-Von, aurai prié Alexis de lui céder l'un des sacs, ce qu'Alexis aurait refusé — déclaration qu'il avait sans doute complètement oublié de faire précédemment.

Or, à l'instruction, le 2 août 1927 et à l'audience, le pêcheur Le-Van-Von a nié avoir vu des sacs dans la voiture automobile et en avoir demandé un à Alexis. Ce démenti formel écarte donc immédiatement la seule affirmation du chauffeur Dan, qui soit précise.

Il y a mieux encore et de l'examen attentif des dépositions des vendeurs chinois Lam-Ngay-Souï et A. Chau, il résulte que Dan a menti et qu'Alexis n'a jamais acheté de sacs.

Le 24 juillet 1927, à la Police Judiciaire, Souï déclare, en effet, qu'on lui a bien acheté des sacs quinze jours environ auparavant ; que l'acheteur est un Européen, *dont il ignore le nom* qui lui a d'abord acheté 5 kilos de glace et lui a demandé ensuite de lui vendre trois sacs. Cet Européen était assez grand, petites moutaches taillées à l'américaine, vêtu d'un complet faux tussor crème, coiffé d'un casque, qui aurait causé quinze minutes avec un autre Européen, M. Caunières, qui se trouvait là. Or, s'il est exacte qu'Alexis ait rencontré M. Caunières dans la boutique de Souï, le signalement de l'acheteur des sacs ne correspond en rien à celui d'Alexis, qui était vêtu d'un complet kaki avec col droit montant ainsi que l'a indiqué le chauffeur Dan lui-même qui, sur ce point, a dit la vérité. En outre, Alexis ne portait pas de casque mais était coiffé d'un chapeau de feutre. (Voir également déposition Dan.)

Toujours interrogé par la Police Judiciaire, Souï, qui n'est pas encore mis en présence de l'accusé, déclare ensuite : « qu'il se rappelle également avoir vu M. Alexis deux ou trois jours avant l'achat des sacs. » Or, il a été démontré qu'Alexis n'était pas allé à Thanhoa, ni le 4, ni le 5 juillet. Le 4 juillet il était au Tam-Dao, le 5 à Hanoï. En outre, y serait-il allé, ce ne serait pas lui qui le 7 juillet aurait acheté les sacs, puisque Souï vient d'affirmer qu'il ignorait le nom de l'Européen qui aurait fait cet achat, alors qu'il prétend connaître Alexis, pour l'avoir vu deux ou trois jours auparavant. Il est vrai qu'habilement interrogé il finit par déclarer : « Je dois vous dire que lorsque M. Alexis s'est présenté pour acheter des sacs... »

Cette fois, on lui a fait dire ce qu'on voulait. Mais à l'instruction, confronté avec Alexis devant le juge, Souï déclare qu'il ne sait plus si c'est Alexis qui était l'Européen, acheteur des sacs. Un autre employé chinois de la même boutique, dénommé A. Chau qui à la police judiciaire avait fait une déposition analogue à celle de Souï, ne reconnaît pas Alexis comme étant l'Européen qui aurait acheté trois sacs de jute malgré certaines similitudes de traits et ajoute qu'en tout cas il n'a pas remarqué la présence de M. Caunières dans le magasin le jour où ce client aurait acheté des sacs. Cette dernière déclaration rapprochée de celle de M. Caunières, qui ne se souvient pas avoir assisté à l'achat de sacs par Alexis, est concluante. Il en résulte, en effet, que l'Européen qui aurait acheté les sacs, s'il existe, n'est pas celui qui a conversé pendant quinze minutes avec M. Caunières dans la boutique de Souï, c'est-à-dire n'est pas Alexis.

b) Il est en outre à l'heure actuelle permis d'affirmer que si des sacs ont été vendus le 7 juillet par la boutique Soï-Kheoc, ce ne sont pas ceux qui enveloppaient le cadavre de Noël.

En effet, tous les témoins interrogés à cet égard (Dan lui-même, au moins dans sa première déposition), affirment que les sacs vendus le 7 juillet ne portaient aucun signe particulier — alors que l'un des sacs représentés comme pièce à conviction portait une raie brune longitudinale. Le témoin Souï, notamment, est en conséquence obligé de dire qu'il ne peut affirmer qu'il s'agit des mêmes sacs. Au moins pour l'un d'entre eux, il n'en peut être ainsi de toute évidence par la raison qui vient d'être exposée. Or, si l'un des deux sacs funèbres ne vient pas de la boutique Soï-Khéoc, il n'est pas admissible que l'autre en puisse provenir, puisque l'achat en aurait été concomittant.

C. — *La corde qui retenait le corps à la pièce de fonte et le nœud dit « marin ».*

Selon le Ministère Public, il serait démontré qu'Alexis, plusieurs jours avant le crime, se serait procuré la corde qui liait la pièce de fonte au cadavre. Cette corde serait nouée d'un nœud familier aux gens de mer tels qu'Alexis.

Sur l'acquisition d'une corde par Alexis la veille du crime, le Ministère Public a fait entendre le boy Dot, le chauffeur Dan, le caï-boy de l'hôtel du Coq d'Or, Pham-Van-Thanh — et la prétendue marchande de cordes, la femme Nguyen-Thi-Quy, demeurant à Hanoï, rue des Médicaments. — Ces derniers témoins indigènes ont paru établir qu'Alexis avait chargé l'un d'entre eux, son boy Dot, d'acheter 10 mètres de corde mais avec des contradictions telles dans leurs déclarations que l'avocat d'Alexis, Me Mandrette, pouvait conclure à cet égard en s'exclamant :
« Pouvez-vous penser qu'un semblant de vérité est sorti de la
« bouche de ces domestiques raisonneurs, qui interrogent leurs
« maîtres sur leurs desseins, qui font promener une corde dans
« le temps et dans l'espace de telle manière qu'on ne sait plus
« où elle est passée, quand où et comment elle a été remise ? »
Nous nous contenterons de faire observer trois faits qui ne peuvent être l'objet d'aucune dénégation et qui réduisent à néant la portée de ces divers témoignages.

1° La corde, qui entourait le cadavre de Noël mesurait au maximum 2 mètres de longueur, alors qu'Alexis aurait demandé à son boy Dot de lui acheter un rouleau de 10 mètres — et que même ce serait un rouleau de 13 mètres, qui lui aurait été vendu. Qu'a donc fait Alexis des 11 mètres de corde dont il ne se serait pas servi, en le supposant coupable ? Personne jamais n'a pu le dire ;

2° La corde, qui entourait le cadavre de Noël, était de fabrication européenne. (Voir procès-verbal du Tri-Huyen de Binh-Xuyen, Nguyen-Van-Thinh du 12 juillet 1927.) Or, la corde, qui aurait été achetée par le boy Dot et dont celui-ci, sans être affirmatif, paraissait reconnaître des morceaux dans la pièce à conviction, était de fabrication annamite. Une corde annamite se distingue à première vue d'une corde de fabrication européenne, par la matière même dont elle est faite. Comment dans ces conditions attacher une valeur quelconque à la déposition de Dot ?

3° Le boy Dot a déclaré qu'il avait acheté le rouleau de corde rue des Paniers. Or, la vendeuse que l'on a fait entendre et qui a cru reconnaître le boy Dot comme son acheteur, encore qu'elle fut aveugle au moment de ce prétendu achat, possède un magasin qui est situé rue des Médicaments.

Il est bien permis, en présence de pareilles constatations, de faire aujourd'hui abstraction totale des témoignages retenus par l'accusation quant à l'achat par Alexis de la corde du crime.

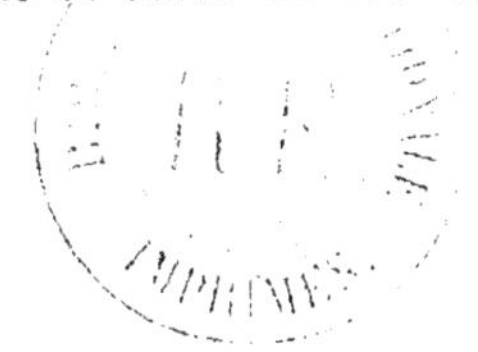

La corde apportée à l'audience était faite cependant de deux bouts noués entre eux par un nœud que l'on a qualifié de nœud marin. C'est ici, pour l'accusation, le point crucial du procès. Alexis, capitaine au long cours, aurait ficelé le cadavre de sa victime comme savait le faire un marin. Il aurait signé son crime !

Si c'est là le point crucial de l'accusation, en tous cas l'élément déterminant, qui a soulevé alors l'opinion publique en Indochine contre l'accusé, c'est peut-être à l'heure actuelle le point crucial de la défense. Il est, en effet, démontré que le nœud en question n'existait pas sur la corde qui liait la pièce de fonte au cadavre de Noël, au moment où ce cadavre a été retiré de la mare de Nga-Hoang.

Il se trouve en effet que, par un hasard heureux dans les premiers jours du mois d'août 1927, le gendarme commissaire de police de Vin-Yen a reçu, en dehors de la présence de M. Arnaud, qui a poursuivi l'enquête pour la Police Judiciaire, les dépositions des douze indigènes, cultivateurs et infirmiers, qui ont enlevé le cadavre de Noël et l'ont transporté à l'hôpital de Vin-Yen. Il résulte de l'examen de ces dépositions que si la corde représentée comme pièce à conviction était une corde en deux morceaux noués par un nœud marin, la corde, qui entourait le cadavre, était une corde d'un seul morceau, et par conséquent sans nœud « marin », laquelle corde était liée à la gueuse de fonte par chacune de ses extrémités. Cette corde a été lavée par les infirmiers indigènes en même temps que les vêtements de Noël. Elle a ensuite été coupée par eux en trois morceaux qui ont été abandonnés dans la cour de l'hôpital. Il est donc impossible aujourd'hui de retenir le prétendu nœud marin comme constituant une charge contre Alexis. Ce nœud n'existait pas sur la corde qui n'a été tronçonnée qu'après le crime et même, ainsi qu'il est expliqué plus haut, les deux bouts de corde *annamite* retenus comme pièce à conviction ne pouvaient provenir de la corde de *fabrication européenne*, qui avait servi à lier le cadavre de Noël à la gueuse de fonte.

*
* *

L'acte d'accusation, ayant cru démontrer la préméditation, revient alors sur la cause déterminante de la mort de Noël. Celui-ci n'aurait été ni noyé, ni étranglé, ni n'aurait reçu aucun projectile d'arme à feu. L'expertise médicale des docteurs Leroy des Barres et blot aurait révélé une fracture des maxillaires supérieurs et une fracture du crochet ptérygoïde droit. Ces lésions proviendraient de l'introduction d'un corps dur dans la bouche destiné à étouffer la victime. On sait ce qu'il faut penser du rapport médico-légal de MM. Leroy des Barres et Blot en face des conclusions du docteur Dupinet tendant, au contraire, à confirmer la version donnée par Alexis, de l'assassinat de Noël par un coup de revolver. Il est donc inutile de revenir sur ce point et tout donne à penser que la contre-expertise refusée à l'accusé par la Cour de Hanoï eût fait apparaître que c'est encore lui qui avait raison contre l'acte d'accusation.

Il suffira seulement de faire ici deux observations :

En premier lieu, s'appuyant sur l'expertise médico-légale des docteurs Leroy des Barres et Blot, le Ministère Public déclare qu'on « *peut formuler* l'hypothèse que la résistance de Noël a « été vaincue par un violent coup à la mâchoire. L'agresseur « tenant sa victime assommée de la main gauche l'a alors sauva- « gement frappée à la face, ainsi que l'ont supposé les experts « avec un outil, tel un arrache-pneu, qui, après avoir brisé les « dents est entré dans la gorge et a déterminé l'asphyxie ». Et c'est sur une « pareille » hypothèse formulée comme telle dans l'acte d'accusation lui-même, que l'on prétend établir comment Noël a été assassiné par Alexis !

En second lieu, l'acte d'accusation ajoute que les viscères de Noël contenaient une certaine quantité d'un poison violent, le cyanure de mercure, d'où, sans doute, cette conclusion que l'assassin avait préparé sa victime au trépas en l'empoisonnant avant de l'étouffer ! Le Ministère Public a reconnu toutefois que l'expertise toxicologique n'était pas concluante. Elle l'était cependant, mais en faveur de la défense, la dose de cyanure de mercure contenue dans le corps de Noël provenant d'un traitement spécifique qu'il a été prouvé que ce dernier était obligé de suivre.

*
* *

Sur le mobile du crime, l'accusation reconnaît en propres termes qu'il n'a pu être nettement établi. Cependant, selon le Ministère Public, il paraît extrêmement « vraisemblable » qu'Alexis a voulu, en faisant disparaître Noël, supprimer celui qu'il considérait comme le promoteur d'une campagne de presse prochaine risquant de faire échouer une affaire dont devait sortir, pour Alexis, la fortune ou la ruine. Et même, dit l'acte d'accusation : « s'il n'accordait pas à Noël une telle importance, il « peut avoir songé que sa disparition mystérieuse serait un « salutaire avertissement dont les polémistes éventuels compren-

« draient facilement la signification et la portée. Enfin, Alexis « a été confirmé dans sa résolution criminelle par une question « de sentiment, le désir de débarrasser une femme aimée d'un « mari qui ne savait pas la comprendre et la traiter comme elle « le méritait ».

A vrai dire, on croit un peu rêver en lisant de semblables invraisemblances. On ne sait trop sans doute pourquoi Alexis aurait tué Noël, mais on se dit que très probablement, il avait plutôt deux motifs qu'un de devenir un assassin. Dans l'exécution de son crime, il aurait été poussé — sans qu'on puisse d'ailleurs l'affirmer avec certitude — par un mobile d'intérêt et par un mobile passionnel. C'est un cumul de raisons dans la détermination criminelle que l'on est rarement amené à rencontrer dans les annales judiciaires.

Le mobile passionnel n'a cependant pas été très sérieusement soutenu à l'audience par le Ministère Public. Il a constitué la première explication que l'on ait donnée du meurtre. On avait même envisagé que Mme Noël pouvait être complice de celui qu'on désignait comme son amant, d'où son arrestation au début du procès. Mme Noël était-elle la maîtresse d'Alexis ? Elle l'a laissé supposer, encore qu'Alexis l'ait toujours nié, en disant, en une formule ambiguë qu'ils avaient été « jusqu'aux caresses qui précèdent la chute ». Cependant, elle donnait à entendre que jamais elle n'avait pu raisonnablement espérer fixer la vie amoureuse de l'ancien pilote, qui était d'humeur volage et qui, au surplus, était marié et père de deux enfants. C'est dire que si un sentiment de jalousie pouvait naître des « caresses » échangées, ce ne pouvait être dans le cœur d'Alexis envers un mari qui ne le gênait guère. Au reste, ce n'est pas la jalousie qu'invoque l'acte d'accusation, mais le désir de débarrasser une femme aimée d'un mari qui ne savait pas la comprendre et la traiter comme elle le méritait. Si l'on saisit bien la pensée du Ministère Public, il s'agissait surtout pour Alexis, en tuant Noël, de rendre une sorte de service à Mme Noël, non pas pour la satisfaction personnelle qu'il en pouvait éprouver mais pour lui rendre une liberté dont elle paraissait avoir le désir. En vérité, singulière analyse de la pensée d'un homme qui deviendrait subitement assassin du mari de sa maîtresse parce que celui-ci ne savait pas la comprendre. Le plus souvent, l'amant d'une femme mariée ne souhaite pas l'harmonie du ménage où il a porté ses ravages.

Il serait aujourd'hui inutile et fastidieux de rappeler ici les romans inventés au cours de l'instruction contre Alexis et qui ont dû être abandonnés. Tel celui de l'assassinat de Noël sur la plage de Sam-Son où Mme Noël passait ses vacances. Une dame Chanceaulme prétendait qu'un indigène, dénommé Sun, lui avait fait le récit d'un cadavre ensanglanté, à demi-enfoui dans le sable de la plage. Et la police de penser qu'Alexis avait assassiné Noël à Sam-Son, peut-être avec le concours de Mme Noël — et qu'il avait ensuite transporté le cadavre le plus loin possible, sur la route d'Hanoï au Tam-Dao. Sun a expliqué qu'il avait parlé par ouï dire. Il a fallu abandonner cette piste fausse qui avait le seul avantage d'expliquer de façon plus satisfaisante que toutes autres le crime passionnel.

Au reste, le Ministère Public a demandé contre Alexis la peine capitale et a obtenu les travaux forcés à perpétuité. Même en Indochine, le crime passionnel n'est pas un fait puni de cette sorte. Il a fallu que l'accusation cherche ailleurs le mobile qui avait pu pousser Alexis à commettre le forfait dont on l'accusait. Il lui a semblé que ce pouvait être un mobile d'intérêt.

De fait, Alexis avait donné sa démission depuis le mois de juin 1927 du poste qu'il occupait au pilotage d'Haïphong et s'occupait d'affaires commerciales et notamment de réaliser le transit de l'opium du Yunnam par le Tonkin vers la Chine du Sud. Le Ministère Public s'est borné à des allusions à une campagne de presse qui aurait pu être nuisible aux intérêts d'Alexis dans ces affaires. L'accusé aurait décidé de faire disparaître, non pas l'auteur de cette campagne de presse que l'acte d'accusation ne nomme pas — et qui serait M. de Montpezat, directeur de *Le Volonté Indochinoise*, aujourd'hui décédé, — mais son « promoteur », qui serait Noël. Et comme il y déjà quelque invraisemblance à supposer que le choix de l'assassin présumé se soit porté sur Noël, plutôt que sur Montpezat, l'acte d'accusation, qui n'en est pas à une singularité près, suppose que dans l'esprit d'Alexis, la disparition de Noël devait constituer un salutaire avertissement pour M. de Montpezat !

Il convient, aujourd'hui, d'examiner avec le plus grand soin le mobile d'intérêt retenu dans les conditions si imprécises, qui viennent d'être expliquées, comme étant celui qui aurait cependant déterminé Alexis au crime. Avant toute explication, il convient de rappeler que jamais dans cette affaire l'homme qui seul eut pu apporter la clarté dans l'ombre opaque où s'est mue l'instruction — l'homme contre lequel devait être essentiellement dirigée la campagne de presse de M. de Montpezat, — n'a jamais été invité à apporter son témoignage et n'a pas davantage répondu aux sollicitations de l'accusé à cet égard. Il est vrai que cet homme était M. Alexandre Varenne, gouverneur général de l'Indochine.

*
* *

Au moment où Alexis a été arrêté, il était depuis plusieurs mois en relations avec le Gouvernement nationaliste de Canton, auprès duquel il était en fait l'agent officieux du Gouverneur général poursuivant une politique de rapprochement et d'entente, que M. Varenne estimait favorable aux intérêts français en Indochine. Le Ministre des Finances de ce Gouvernement, M. Vung-Soong, lui avait demandé de faire des démarches auprès du Gouvernement Général pour savoir s'il serait possible de transiter par le Tonkin l'opium du Yunnam nécessaire à la consommation du Kwantung, qui avait établi le monopole de l'opium. Alexis s'était consacré à cette affaire où il avait vu, en même temps qu'une façon de favoriser le rapprochement qui était dans les vues de M. Varenne, le moyen de réaliser un bénéfice personnel absolument licite. Alexis s'en était entretenu directement avec M. Varenne à plusieurs reprises. Celui-ci avait pris l'avis du Ministère des Affaires Etrangères et du Ministère des Colonies, qui s'étaient montrés favorables à la réalisation de ce projet lequel était en tous points conforme aux conventions internationales sur l'opium.

Par ailleurs, Alexis avait entrepris des démarches auprès de M. Borel, directeur général des Douanes de l'Indochine et de M. Varenne lui-même en vue d'obtenir la vente de 100 caisses d'opium de Bénarès à des Chinois de Hongkong ; ces caisses auraient été prélevées sur le stock de la Régie indochinoise destiné à Kouang-Tchéou-Van. Dans l'intention d'Alexis, ainsi qu'il l'expliquait dans une lettre à M. Varenne du 17 juin 1927 et avec plus de précisions encore dans un projet de lettre à M. Borel dont la rédaction a été interrompue par son arrestation, cette opération commerciale devait permettre à l'ancien pilote de faciliter, par le bénéfice réalisé, la création d'une ligne de cabotage entre Haïphong et Canton, de nature à développer les relations économiques et même politiques entre l'Indochine et la Chine du Sud.

M. de Montpezat qui, à l'audience, s'est contenté de faire une longue diatribe contre le Gouverneur Général, sans rapport avec les négociations commerciales d'Alexis, qui viennent d'être exposées, a été un peu moins vague à l'instruction, encore que sa déposition et celle de M. Cruchet, chef de bureau à la Direction des Douanes, qui doit être rapprochée de la sienne, ne saient parvenues à la connaissance de l'accusé qu'après sa première condamnation par la Cour Criminelle de Hanoï.

La déclaration de M. de Montpezat à l'instruction se résume de la manière suivante : « J'ai connu Noël qui était secrétaire de la « Société des Courses dont j'étais le président. En fin juin ou « début de juillet nous avons eu, au Comité de la Société, une « conversation étrangère aux affaires de l'ordre du jour.

« Après avoir parlé à Noël et au lieutenant Cudel, commandant le dépôt de remonte, d'un vol, compliqué de faux, d'un « lot important d'opium de Bénarès destiné à la consommation « de l'Indochine, je leur ai dit que des scandales de ce genre ne « seraient pas près de cesser. J'ai ajouté que le Gouvernement « Chinois de Canton, qui avait résolu de doter la République « Cantonaise du système des Régies en vigueur en Indochine, « aurait essayé de s'assurer le concours d'un haut fonctionnaire « français, lequel aurait refusé, en vue de l'introduction en Chine « de l'opium de Bénarès, ce qui ne saurait être toléré, même « indépendamment de toute opération frauduleuse, parce que « c'est contraire aux conventions internationales. Je leur ai dit « mon sentiment que l'opération se ferait tout de même, car les « bénéfices étaient importants — 15 millions par mois — et que, « comme il n'y aurait pas de comptabilité administrative, le « magot profiterait à quelqu'un. Je leur ai indiqué qu'Alexis, « pilote à Haïphong, qui avait donné ou allait donner sa démis- « sion, était intéressé dans cette affaire. »

« Noël interrompit alors notre conversation avec des marques « d'étonnement en disant qu'Alexis était un de ses amis, que tout « cela l'étonnait beaucoup, qu'il l'empêcherait de se livrer à tous « ces tripotages.

« A ce moment, j'ai fait remarquer à Noël que je ne jugeais « pas, comme lui, qu'Alexis avait commis une indignité, qu'on « avait vu des Français de bonne maison se mêler d'affaires de « gouvernement plus ou moins douteuses et que cela n'avait pas « été sans profit pour leur pays. Je lui ai dit qu'il était possible « qu'Alexis s'imaginât servir les intérêts du Gouvernement de « l'Indochine en établissant des relations entre lui et ses voisins « et que, s'il y trouvait son profit lui-même, c'était compré- « hensible.

« Depuis lors, j'ai revu Noël une fois. Il me déclara que j'avais « vu juste, qu'Alexis était très inquiet mais qu'il ne lui avait « pas raconté grand'chose ; que cependant Alexis était dans « l'affaire, qu'il redoutait par-dessus tout que *La Volonté Indo-*

« *chinoise* ne l'empêchât de la réaliser alors qu'il touchait au but, « qu'on lui avait fait entendre que *La Volonté Indochinoise* « empêcherait tout ; qu'Alexis, sachant nos relations, lui avait « demandé d'agir auprès de moi ; qu'Alexis s'imaginait d'ailleurs « que c'était lui, Noël, qui m'avait renseigné. »

Et M. de Montpezat de signaler alors que Noël, qui se plaisait volontiers à certaines mystifications et se donnait volontiers de l'importance, lui avait tenu des paroles contradictoires, lui suggérant en finissant de lui présenter Alexis et se faisant fort d'obtenir de celui-ci toutes sortes de précisions. Noël serait revenu le 3 juillet, vers 10 heures du soir, chez M. de Montpezat, qui ne put le recevoir.

De cette déposition, il résulte tout d'abord que la campagne de presse à laquelle songeait M. de Montpezat contre le Gouverneur Général de l'Indochine ne se rapportait en rien aux tractations d'Alexis relatives au transit de l'opium du Yunnan. Ces opérations étaient parfaitement correctes. Rien ne pouvait en empêcher la réalisation et ce n'est pas à leur sujet que s'élevait l'indignation de M. de Montpezat. Mais celui-ci avait cru apprendre, assez vaguement d'ailleurs, qu'un projet était à l'étude pour la vente régulière par le Gouvernement de l'Indochine au Gouvernement de Canton de l'opium de Bénarès, qui devait produire des bénéfices fabuleux et renouvelés. Il est permis de supposer que l'accusation — sans d'ailleurs jamais le formuler — ait fait un rapprochement entre les propos de M. de Montpezat et la vente des 100 caisses d'opium de Bénarès qu'Alexis avait proposée à l'agrément du Gouvernement Général de l'Indochine. Examinons donc si l'on peut raisonnablement penser qu'Alexis ait craint une campagne de presse à l'occasion d'une opération quelconque sur le transit de l'opium de Bénarès et s'il a pu croire que c'était Noël qui renseignait Montpezat.

En premier lieu, il est impossible qu'Alexis ait pu manifester une crainte personnelle à l'occasion de la conversation que Noël lui aurait tenue. En effet, il n'y a rien de commun entre la vente de 100 caisses d'opium de Bénarès à deux Chinois de Hong-Kong et le projet qu'a cru dévoiler M. de Montpezat d'un accord possible entre le Gouvernement de l'Indochine et le Gouvernement de Canton sur des livraisons régulières et mensuelles de l'opium de l'Inde. Alexis ne s'est jamais occupé d'un accord semblable et ne pouvait en conséquence redouter que la réalisation en soit compromise par *La Volonté Indochinoise*. Quant à l'opération très limitée qu'il avait proposée à M. Varenne, il a été démontré qu'Alexis n'y attachait qu'une importance tout à fait secondaire et que l'échec lui en était personnellement à peu près indifférent. Cela résulte de la déposition de M. Demolle, négociant à Sontay, qui a déclaré en propres termes qu'Alexis lui avait dit que cette affaire ne l'intéressait que dans le but de rendre service aux Chinois acheteurs, qu'il ne comptait pas en retirer un véritable bénéfice personnel et qu'il ne savait même si, étant donné la convention existant avec le Gouvernement de l'Inde à propos du Bénarès, il serait possible au Gouvernement Indochinois de distraire la quantité demandée du stock fourni à l'Indochine pour être consommé sur place. Alexis avait même ajouté qu'il ne redoutait à cet égard aucune campagne de presse.

C'est la preuve absolue que Noël, en rapportant à M. de Montpezat les propos que celui-ci lui fait tenir sur les craintes manifestées par Alexis, s'est une fois de plus donné de l'importance vis-à-vis de ce journaliste, qui s'en est d'ailleurs rendu compte.

Au reste, sur l'inanité des craintes qu'on veut qu'Alexis ait éprouvées relativement aux intentions de M. de Montpezat, il eût suffi d'interroger M. Alexandre Varenne. Le 4 juillet, Alexis a eu une longue conversation avec ce dernier au Tam-Dao. Il a toujours soutenu qu'il n'avait jamais entretenu le Gouverneur de la campagne de presse que Noël lui aurait annoncée, ce qu'il n'aurait pas manqué de faire s'il en avait été préoccupé. Jamais, malheureusement, M. Alexandre Varenne n'est venu confirmer ou infirmer ses dires et Alexis, condamné aux travaux forcés à perpétuité, attend le mot qui pourrait contribuer à faire reconnaître qu'il n'avait aucune raison d'assassiner Noël.

Il y a plus. Il est impossible qu'Alexis ait jamais pu penser que c'était Noël qui avait renseigné de Montpezat, ainsi que ce dernier le fait dire à Noël. Et ceci pour une raison éminemment simple et qui se dégage de la propre déclaration de M. de Montpezat. En effet, celui-ci vient d'affirmer que lors de sa première conversation avec Noël, c'est lui, de Montpezat, qui a mis Noël au courant de ce qu'il considérait comme un scandale possible. Noël aurait même manifesté de l'étonnement d'apprendre Alexis mêlé à ces affaires. C'est la preuve qu'Alexis, comme il l'a toujours dit, n'avait jamais parlé de ces affaires à Noël. Admettons que celui-ci renseigné par Montpezat, ait averti Alexis de la campagne de presse préparée. Et, de fait, Alexis affirme bien que le 1er juillet au soir, en sortant du cinéma, Noël lui a parlé des intentions de Montpezat en lui montrant un numéro de *La Volonté Indochinoise*, où était annoncée une nouvelle campagne contre le Gouvernement Général, à propos de la vente de l'opium. Ce jour-là, c'est Noël qui met au courant Alexis. Celui-ci qui, jusqu'alors, n'a jamais parlé à Noël de ses affaires, les lui a-t-il alors dévoilées ? Personne ne peut raisonnablement le supposer, puisque Montpezat fait dire à Noël qu'Alexis aurait manifesté à ce moment une certaine crainte. Si Alexis a peur, comme on le soutient, ce n'est pas lorsque Noël lui aurait raconté qu'il est en relations avec Montpezat, qu'il choisirait le moment de lui dire tout ce qu'il a tu jusqu'alors. Il suit de là qu'en admettant même qu'Alexis redoutât de Montpezat, comme beaucoup de gens parfaitement honorables le redoutaient en Indochine, il ne pouvait en tout cas redouter Noël et croire que celui-ci parlerait au journaliste de *La Volonté Indochinoise* de choses au sujet desquelles il ne l'avait jamais renseigné.

*
* *

La déposition de M. Cruchet, chef de bureau des Douanes et Régies de l'Indochine et, de ce fait, en relations quotidiennes avec Noël, a été retenue par l'accusation au même titre que celle de M. de Montpezat en vue de démontrer qu'Alexis avait effectivement sollicité Noël pour qu'il empêchât de Montpezat de publier un article dangereux. Il résulte de cette déposition qu'Alexis aurait déclaré à Noël qu'il était au bout de son rouleau et que si son affaire ratait, il ne lui resterait plus qu'à tuer de Montpezat et à se tuer lui-même.

Il n'est pas contestable que Noël ait tenu ces propos à M. Cruchet, mais jamais Alexis n'a dit à Noël ce que ce dernier lui fait dire. Nous venons de voir, en effet, qu'il résulte de la conversation entre Alexis et M. Demolle, directement rapportée par ce dernier, qu'Alexis n'attendait pas un bénéfice personnel de la vente des 100 caisses d'opium de Bénarès. Par ailleurs, il ne pouvait être « au bout de son rouleau », puisqu'il venait de démissionner de son poste de pilote et qu'il était sur le point de toucher la somme minima de 7.000 piastres, soit 98.000 francs environ, représentant le prix du matériel cédé à son successeur.

Voudrait-on, en dépit de tout ce qui précède, qu'Alexis, dont tout le monde s'accorde à reconnaître l'intelligence, ait eu peur que M. de Montpezat ne soit assez puissant pour entraver son action qui, dans le fond, tendait surtout à des fins d'ordre politique, en accord avec la ligne de conduite arrêtée par M. Alexandre Varenne vis-à-vis du mouvement nationaliste chinois ? Ce n'est pas Noël, petit fonctionnaire sans influence, qu'il aurait tué, s'il avait été un assassin. C'est Montpezat lui-même qu'il aurait fait disparaître. Le mobile d'intérêt s'évanouit comme s'est évanoui le mobile passionnel. Il ne reste rien des raisons que l'accusation a paru discerner de nature à pouvoir conduire Alexis au crime.

*
* *

Tel s'analyse l'acte d'accusation sur lequel était fondée l'inculpation de Maurice Alexis. Il est bien permis de dire que ce document révèle une insuffisance absolue dans l'exposé des charges qui ont cependant entraîné la condamnation de l'accusé. Chacune des présomptions retenues avec une légèreté que la rédaction ne dissimule même pas, s'écroule devant la réalité des faits et des témoignages. De l'étude à laquelle il vient d'être procédé dans la première partie de ce mémoire, surgit la pensée qu'une monstrueuse erreur judiciaire fait acheminer vers le bagne un innocent qui n'a dû d'éviter l'échafaud qu'à l'hésitation de ses juges devant une peine sans rémission.

CHAPITRE II

Les inadmissibles conditions dans lesquelles il a été procédé à l'instruction de cette affaire

La critique qui vient d'être faite de l'acte d'accusation a fait déjà apparaître bien des singularités dans l'instruction de cette affaire sur lesquelles il est maintenant nécessaire de revenir avec quelques détails.

En premier lieu, notons que M. Giaccobi, juge d'instruction, a dû lui-même élever une protestation contre les agissements des autorités locales qui, dès l'origine, avaient troublé gravement les conditions de son enquête.

En effet, quand il est arrivé à l'hôpital de Vinh-Yen, le 13 juillet 1927, le corps de Noël, après une autopsie rapide faite par le docteur Darbes, avait été inhumé ; en conséquence, le juge dut ordonner l'exhumation immédiate.

En attendant qu'il y soit procédé, M. Giaccobi se rendit à la mare de Nga-Hoang et au Tam-Dao, pour y poursuivre son enquête. C'est seulement à son retour du Tam-Dao qu'on lui présenta les pièces à conviction dispersées un peu partout et dont les unes étaient restées à l'hôpital tandis que les autres avaient été portées au greffe du Tribunal, à la gendarmerie ou à la résidence. Le juge est obligé de protester à nouveau contre la négligence avec laquelle ont été traitées ces diverses pièces. De la corde notamment, il ne reste qu'un morceau ou plus exactement deux morceaux reliés par le nœud « marin » dont M. Giaccobi note immédiatement l'existence.

Qu'eût été la protestation de M. Giaccobi s'il avait su :

1° Que toutes les pièces à conviction qu'on lui remettait avaient été lavées ou flambées par les infirmiers de l'hôpital de Vinh-Yen avant son arrivée ;

2° Que la corde du crime avait été coupée en trois morceaux, dont l'un avait été perdu et dont les deux autres avaient été portés de l'hôpital à la résidence et de la résidence à la gendarmerie où, à la fin de la matinée du 13 juillet, M. Arnaud, commissaire spécial, les a vus pour la première fois ;

3° Que le nœud « marin », qui était un nœud plat ordinaire, avait été fait après coup, par on ne sait qui, au cours des diverses promenades de la corde, pour attacher l'un à l'autre les deux morceaux qui étaient représentés ;

4° Qu'il est même certain que les deux morceaux de corde annamite ainsi noués ne provenaient pas de la corde de fabrication européenne qui avait servi à ficeler le cadavre.

*
* *

Ainsi, dès le début du procès, des négligences graves ont été relevées, des actes inadmissibles ont été commis, dont l'un au moins a eu pour immédiat effet de désigner à l'opinion publique celui qu'on a cru l'assassin : Alexis, ancien capitaine au long cours, avait seul pu faire ce nœud « marin », qu'on sait aujourd'hui avoir été fait après le crime ! Dès lors put se donner libre cours une campagne de presse acharnée que dirigeait avec fougue M. de Montpezat, directeur de *La Volonté Indochinoise.* Dans la Métropole et pendant le cours d'un procès où la vérité ne se dégage pas tout de suite de l'aveu du coupable, les journaux s'imposent une réserve nécessaire qui est seule de nature à permettre à la justice de remplir sa mission avec sérénité. Il ne semble pas qu'il en soit de même au Tonkin. Sans doute, pour des raisons d'ordre politique et parce que le nom de M. Varenne se trouvait en fait mêlé à cette affaire, ce fut un déchaînement des passions populaires dont Maurice Alexis ne put être que faiblement protégé par le juge d'instruction. Tous les jours, la presse de Hanoï racontait ce qu'elle s'imaginait savoir. On inventait les plus invraisemblables fables. Les lecteurs eux-mêmes prenaient part à ce jeu dangereux et les colonnes des journaux leur étaient ouvertes pour dire leur opinion. Les journalistes y répondaient naturellement et ce fut bientôt le plus extraordinaire foisonnement de récits troublants et mensongers qui donnent une fière idée de l'imagination coloniale.

C'est dans cette atmosphère de fièvre collective que la police judiciaire, dirigée par M. Arnoux, a poursuivi son instruction, principalement conduite par M. Arnaud, commissaire spécial. Alors se sont accumulés les irrégularités et les actes d'arbitraire Nous en donnerons seulement quelques exemples :

a) La saisie de papiers, effets d'habillements, bijoux, objets divers... a été faite au domicile d'Alexis en dehors de la présence de l'inculpé et sans qu'il soit appelé à contrôler la régularité de cette opération de police ;

b) La saisie de la voiture automobile d'Alexis a été opérée dans les mêmes irrégulières conditions. Cette voiture se trouvait en réparation au garage Bobillot. C'est douze jours après l'arrestation d'Alexis — soit le 25 juillet — qu'on a conduit cette voiture à la police judiciaire et que celle-ci a cru découvrir une tache de sang sur le tapis arrière mais en dehors de la présence de l'accusé ;

c) Alexis et son défenseur n'ont jamais pu voir, au cours de l'instruction, qu'un décalque de la tache de sang. Ce n'est qu'à l'audience que le tapis leur a été montré ; la tache avait presque entièrement disparu ;

d) Plusieurs des témoins indigènes ont été arrêtés par la police judiciaire et détenus par elle pendant plusieurs jours. C'est alors qu'on les interroge sous la menace non déguisée d'être frappés et qu'ils parlent, mais pour mentir.

*
* *

Plus frappantes peut-être que les irrégularités commises par la police et qui viennent d'être relevées sont les extraordinaires insuffisances de l'instruction conduite par M. Giacçobi lui-même.

Tout d'abord, certaines personnes dont Alexis avait sollicité le témoignage, n'ont jamais été entendues par le juge. Celui-ci a notamment négligé de rechercher et d'entendre la femme que le boy Duy a désignée comme lui ayant indiqué, le 10 juillet, qu'elle pensait que Noël se trouvait au Tam-Dao ; cette déposition aurait pu être d'une importance primordiale, puisqu'elle devait tendre à prouver que Noël avait manifesté à d'autres personnes qu'Alexis son intention de se rendre au Tam-Dao le 8 juillet.

De même le juge d'instruction n'a pas recueilli, malgré la demande de l'inculpé, le témoignage de l'indigène Bui-Duc-Kinh, auquel la défense se référait pour expliquer l'égratignure qu'Alexis portait au front — de telle sorte que l'accusation a pu retenir cette égratignure comme constituant la preuve que ce dernier avait dû engager avec Noël une lutte corps à corps. Ce n'est qu'à l'audience qu'est venu ce témoin ; il a pu rétablir la vérité en affirmant qu'Alexis s'était blessé sur la route, près de Haïphong, en réparant la roue de sa voiture, comme l'accusé l'avait toujours dit.

Mais en dehors de ces omissions qui déjà ont de l'importance, il est apparu que sur trois points essentiels, l'instruction est restée complètement inachevée.

Tout d'abord, Alexis n'a cessé de réclamer une reconstitution du crime, qui lui a toujours été refusée, contrairement à tous les usages. Cette reconstitution pouvait avoir en l'espèce une importance particulière, du fait qu'elle eût fait apparaître notamment que la tache de sang relevée par l'expertise sur le tapis arrière de la voiture, dans les conditions que l'on sait, ne pouvait avoir eu pour cause le transport du cadavre de la victime.

En outre, l'expertise médicale des docteurs Leroy des Barres et Blot était à tout le moins discutable en présence du rapport établi par le docteur Dupinet; une contre-expertise s'imposait, qui n'a pas été accordée à Maurice Alexis.

Enfin, sur le mobile du crime, il était indispensable, si l'on voulait apprécier la valeur des raisons qui, dans la thèse du Ministère Public, avaient pu conduire Alexis au crime, de ne prononcer un verdict qu'après avoir reçu le témoignage de M. Alexandre Varenne, qui n'a jamais été entendu.

Sur ces trois chefs, une requête tendant à un supplément d'information avait été déposée par la défense, d'abord devant le président de la Cour Criminelle, et ensuite devant la Cour elle-même, lors du second procès, après cassation. Me Mandrette, avocat d'Alexis, avait notamment rédigé un questionnaire destiné à être soumis à M. Alexandre Varenne, alors en France, par voie de commission rogatoire. La Cour a refusé de connaître les réponses que M. Alexandre Varenne y aurait faites et la requête présentée au nom de Maurice Alexis a été rejetée.

De ce refus, il ne saurait être dégagé de meilleure conclusion que celle de Me Mandrette lui-même dans le texte qu'il soumettait à M. le président Favreau :

« Si, par impossible, votre réponse à la présente requête était « défavorable, il ne serait possible, en présence des droits de la « défense et des devoirs de votre charge, que d'en induire que « ces obscurités, carences et contradictions doivent, dans votre « esprit, s'interpréter absolument en faveur de l'accusé. »

On a refusé à Maurice Alexis la lumière qu'il demandait. On l'a condamné cependant. Sa condamnation ne peut être définitive, tant que les ombres qui ont entouré l'instruction de ce procès n'auront pas été dissipées.

CHAPITRE III

Les faits nouveaux qui doivent entraîner la révision du procès

Maurice Alexis, condamné aux travaux forcés à perpétuité, pour un crime auquel il n'a cessé de se dire étranger, demande, par application de l'article 443 paragraphe 4 du Code d'Instruction criminelle la révision de son procès.

Des conditions dans lesquelles sa condamnation a été prononcée se dégage la certitude d'un verdict rendu sans preuve, entaché d'erreurs, et qui frappe cruellement un citoyen français, qu'un jury de la métropole aurait acquitté. Il ne suffit pas cependant d'avoir cette certitude pour que la révision d'un procès criminel soit ordonnée. La loi exige qu'un fait nouveau vienne à se produire ou à se révéler ou que des pièces inconnues lors des débats soient représentées, de nature à établir l'innocence du condamné.

La requête introduite par Alexis devant M. le Garde des Sceaux, Ministre de la Justice, fait état d'un témoignage nouveau, celui de M. Lorenzi, journaliste à Saïgon. Celui-ci a écrit dans *L'Impartial* du 28 février et du 2 mars 1929, deux articles dans lesquels il soutient que l'assassin n'est pas Alexis, mais un individu qu'il ne nomme pas, qui aurait été entendu à l'instruction, qui serait un ami intime du commissaire spécial Arnaud et le familier de

M. Giaccobi, juge d'instruction. Alexis ne serait qu'un complice, l'assassin appartenant à une bande de terroristes, la même qui venait de faire exécuter M. Bazin, la même qui, rue Barbier, à Saïgon, avait fait tuer récemment un indicateur de la Sûreté, la même qui aurait fait empoisonner M. Vire, chargé du contrôle postal à Hanoï. Peu importerait l'opinion tout à fait personnelle ainsi exprimée par M. Lorenzi si, dans le premier de ces articles, il ne racontait qu'au cours d'une conversation avec M. Arnaud, commissaire spécial, celui-ci ne lui avait tenu les paroles suivantes : « Si vous saviez, dans cette affaire, les saletés qu'on me « fait commettre. »

Cette conversation entre M. Lorenzi et M. Arnaud a été ignorée de la Cour Criminelle au cours du procès qui s'est terminé par l'arrêt du 3 mars 1929. Alexis en a eu connaissance, après sa condamnation, par une citation qu'a faite *Le Colon Français*, de Haïphong, du 9 mars 1929, de l'article de *L'Impartial* du 28 février. M. Lorenzi a accepté d'affirmer sous la foi du serment que M. Arnaud lui avait effectivement dit ce qu'il rapporte et il a signé une déclaration en ce sens qui a été communiquée au Ministère de la Justice.

Un pareil témoignage est grave, si on le rapproche des faits qui ont été exposés plus haut. Les « saletés » que M. Arnaud aurait accepté de commettre expliqueraient-elles la série des anomalies de l'instruction poursuivie par la police judiciaire et qui ont fait plus particulièrement l'objet de la seconde partie de ce mémoire ? Les singularités de l'instruction qui enlèvent toute portée probatoire à la tache de sang du tapis, au nœud marin de la corde, aux témoignages contradictoires de certains indigènes, trouveraient-elles leur origine dans le fait nouveau révélé par M. Lorenzi ? Sans porter d'accusation contre personne, il est tout de même permis de le supposer. Ce n'est que par une confrontation entre M. Arnaud et M. Lorenzi, au cours d'un troisième débat judiciaire, que la vérité peut apparaître. M. Lorenzi laisse nettement entendre que M. Arnaud lui-même sait qu'Alexis est innocent. Mis en présence de M. Lorenzi, M. Arnaud doit s'expliquer. Ce n'est que par une révision du procès que le débat peut être rouvert ; cette révision s'impose.

*
* *

Le second fait nouveau invoqué par Maurice Alexis est constitué par une lettre du 23 mai 1930 adressée par M. Marcel Sauterey, demeurant actuellement à Dôle du Jura, 6, rue des Arènes, de laquelle il résulte que le crime de Noël doit être rapproché de la série des assassinats politiques commis au Tonkin qui viennent aujourd'hui confirmer le caractère vraisemblable de la version donnée par Alexis.

Dans cette lettre, M. Sauterey explique, en effet, qu'il a connu Noël et Alexis au Tonkin. Après avoir fait allusion au caractère orgueilleux et brouillon de Noël, il raconte qu'en fin juin 1926, à Hanoï, il avait rencontré celui-ci, qui lui dit avoir découvert l'existence d'une organisation bolcheviste contre laquelle il venait de créer une ligue dont il espérait que les anciens combattants seraient les adhérents les plus actifs. Noël avait demandé à M. Sauterey d'en faire partie et M. Sauterey déclare qu'il déclina cette offre. Il ajoute que peu de temps après cette conversation, il rencontra de nouveau Noël qui lui affirma que son action anti-bolchevique « marchait ». M. Sauterey, qui était absent d'Indochine au moment du procès Alexis, n'hésite pas à en conclure que, selon lui, la version donnée par celui-ci peut correspondre à la vérité qui s'analyserait en un crime de vengeance politique auquel le condamné de Hanoï serait absolument étranger.

Ce témoignage est capital. En effet, ainsi qu'il a été expliqué au début même de la première partie de ce mémoire, M. Bonnal, inspecteur principal de la Garde Indigène, avait reçu des confidences de Noël sur les craintes que celui-ci éprouvait relativement aux représailles auxquelles il s'exposait par son action anticommuniste. Un autre témoin, M. Decler, ancien condisciple de collège de Noël, avait même apporté des précisions à cet égard, en déclarant que, le 6 juillet 1927, il avait dîné avec Noël, que celui-ci, après avoir fait allusion à un groupe anti-révolutionnaire qu'il avait formé, lui avait dit qu'il se sentait plus exposé que tout autre en raison de sa situation d'officier de réserve. D'autres témoins, MM. Auclair, Lozach et Amphoux, avaient affirmé que, le lendemain 7 juillet, ils avaient rencontré Noël au Coq d'Or vers une heure du matin, alors qu'il avait refusé de dîner avec eux en donnant pour motif qu'il était « embêté et qu'il avait le cafard ».

Ainsi, l'on savait sans doute au moment du procès, encore que l'accusation n'y ait attaché aucune importance, que Noël pouvait à juste titre redouter de tomber sous les coups de nationalistes indigènes exaltés. Jamais cependant, on n'avait eu de preuve aussi indiscutable que celle qui résulte de la lettre de M. Sauterey de la création par Noël d'une ligue anticommuniste au Tonkin, de nature à lui faire courir de très graves dangers personnels.

Sans doute, à l'époque où Alexis a été jugé, aurait-on dû déjà remarquer la similitude étonnante entre le crime qu'on reprochait à ce dernier et la série des assassinats perpétrés au Tonkin qui ont révélé dans ce pays l'existence d'une situation politique extrêmement inquiétante. Néanmoins, la plupart de ces assassinats sont postérieurs au deuxième procès : l'un d'eux — celui de M. Bazin — a été commis pendant que se déroulaient les débats devant la Cour Criminelle. Ce n'est qu'aujourd'hui que l'on comprend pleinement, grâce au témoignage de M. Sauterey, dont la portée s'induit des actes de terrorisme indigène qui ont été commis depuis le procès Alexis, que celui-ci a dit la vérité et qu'il est innocent du crime pour lequel il a été condamné.

*
* *

Enfin, il appartient au Ministre de la Justice d'apprécier si un supplément d'information ne devrait être ordonné en vue de permettre à la défense de démontrer :

1° Qu'Alexis n'a pas menti en affirmant que Noël avait été tué d'une balle de revolver ;

2° Qu'il n'avait aucune raison d'assassiner Noël.

Ces deux révélations qui résulteraient, à n'en pas douter, la première d'une contre-expertise médico-légale faite sur le vu du rapport des docteurs Leroy des Barres et Blot, la seconde du témoignage provoqué de M. Alexandre Varenne, auraient incontestablement le caractère de faits nouveaux de nature à faire apparaître l'innocence du condamné. Après l'étude qui vient d'être faite, il ne faut pas — en supposant que, par impossible, la révision ne puisse être immédiatement prescrite — qu'Alexis soit envoyé à la Guyane tant que sur ces deux éléments absolument essentiels de son procès la lumière ne sera pas faite.

PIÈCES ANNEXES

L'acte d'accusation.

Le Ministère Public
contre
Alexis (Maurice)
Acte d'accusation.

COUR CRIMINELLE DE HANOI

Le Procureur Général
près la Cour d'Appel de Hanoï,

Vu l'arrêt rendu par la Chambre des mises en accusation le 26 novembre 1927 ;

Vu les décrets des 17 mai 1895, 19 mai 1919, 16 février 1921 et 24 juin 1927 et l'article 241 du Code d'I. C. ;

Expose qu'il a été par M. le Juge d'instruction de Hanoï en vertu des attributions à lui conférées par l'article 63 du décret du 21 février 1921 modifié par le décret du 31 décembre 1926 instruit contre :

Alexis (Maurice), 36 ans, fils d'Emart et de Noémie Piet, ex-pilote, né à Saint-Denis (Ile de la Réunion), domicilié à Hanoï, marié, sans condamnation antérieure, détenu,

Une procédure de laquelle résultent les faits suivants :

Le 8 juillet, vers 17 heures 30, M. Ernest Noël, commis des Douanes et Régies à Hanoï, quittait au carrefour de la rue Paul-Bert et du boulevard Dông-Khanh un de ses collègues qui l'avait accompagné depuis sa sortie des bureaux de la Douane. C'est là qu'on perd sa trace certaine. Des témoins qui déclarent l'avoir vu le même jour dans la soirée semblent bien s'être trompés de date. Le onze juillet, son cadavre était retrouvé dans une mare au bord de la route de Vinh-Yên au Tam-Dao. Il était enveloppé dans des sacs et attaché avec une corde à une lourde pièce de fonte. Malgré la défectuosité des premières constatations, la police judiciaire put relever un indice important qui devait l'aiguiller dans la bonne voie ; la corde qui liait cette pièce de fonte au cadavre portait un nœud dit « nœud plat » familier aux marins et peu employé par les autres personnes. Suivant cette piste, la Sûreté apprenait bientôt que l'ex-pilote Alexis, qui voyait fréquemment Noël, s'était fait donner, quelques jours avant le crime, cette pièce de fonte par un employé de la maison Bach-Thaï-Buoï, armateur à Haïphong. Alexis, arrêté et conduit devant le juge d'instruction, déclarait dès le premier jour à ce magistrat qu'il n'était pas l'auteur de l'assassinat, mais qu'il y avait assisté. Il racontait alors que, parti en automobile pour le Tam-Dao avec Noël, le huit juillet dans la soirée, ils avaient été arrêtés sur la route par une autre automobile d'où étaient descendus trois hommes, un métis et deux indigènes masqués, dont l'un avait tué Noël d'un ou plusieurs coups de revolver tirés à bout portant dans la nuque en lui disant : « Tu as trahi ». Il ajoutait que les assassins lui avaient intimé avec menaces l'ordre de garder le silence sur cette affaire, et que l'un d'eux lui avait prêté son costume kaki, le pantalon d'Alexis étant taché du sang de Noël.

Ce récit, fort invraisemblable par lui-même, a été maintenu par l'accusé pendant toute l'information, malgré l'accumulation des preuves de sa fausseté.

Il est inadmissible, en effet, qu'Alexis, *homme énergique et audacieux*, se soit laissé intimider par la menace des assassins, ait gardé jusqu'à son arrestation un silence complet sur le crime auquel il avait assisté, ait même restitué aux assassins, en le jetant sous sa véranda, le costume kaki qu'ils lui avaient prêté et qui pouvait suffire à les identifier, et ne se soit aucunement inquiété de savoir qui viendrait chercher ce costume.

Il est inadmissible également que cette terreur des représailles qui avait été assez forte pour faire d'Alexis le complice des assassins *ait brusquement disparu* dès son arrestation, et qu'il ait dès lors raconté au juge d'instruction tout ce qu'il savait sans manifester aucune crainte.

Il résulte des expertises médico-légales que Noël n'a pas reçu de blessures par balles de revolver, contrairement au récit d'Alexis.

Il est établi par l'expertise chimico-légale que le tapis du compartiment arrière de la voiture d'Alexis portait une large tache de sang humain qui s'étendait à la peluche capitonnant la partie arrière de la banquette placée immédiatement au-dessus, ce qui semble indiquer que le corps de Noël a été transporté dans l'automobile, contrairement au récit d'Alexis, d'après lequel Noël aurait été frappé sur le siège avant et serait tombé sur la portière gauche avant.

De cet ensemble de remarques résulte la preuve formelle que le récit d'Alexis est mensonger.

Cette fausseté démontrée du système de défense de l'accusé constitue une présomption grave de sa culpabilité.

A cette présomption viennent s'en ajouter d'autres très graves qu'Alexis a non seulement commis un meurtre sur la personne de Noël, mais encore qu'il a prémédité ce crime plusieurs jours à l'avance.

Des témoignages formels prouvent que plusieurs jours avant le crime Alexis s'était procuré les sacs dans lesquels fut trouvé le cadavre, la pièce de fonte qui le retenait au fond de l'eau et la corde qui liait la pièce de fonte au cadavre.

La corde en question était nouée d'un *nœud familier aux gens de mer* tel qu'Alexis, alors que d'après son récit ce nœud aurait était fait par les assassins métis ou indigènes. De plus Alexis portait après le crime une écorchure au front qu'il attribue à un faux mouvement fait en démontant une roue, mais qu'on peut supposer *avoir été faite au cours d'une lutte corps à corps.*

Si les expertises médico-légales n'ont pas pu déterminer d'une façon certaine la cause de la mort, elles ont néanmoins établi que Noël n'avait été ni noyé, ni étranglé, qu'il n'avait reçu aucun projectile d'arme à feu.

L'expertise très minutieuse faite par les docteurs Leroy des Barres et Blot a révélé une fracture des maxillaires supérieurs et une fracture du crochet ptérygoïde droit. Cette fracture des maxillaires ne s'accompagne pas de déplacement des fragments. Au niveau des alvéoles fracturées une imprégnation sanguine du tissu osseux a été constatée ; cette imprégnation permet, selon toute vraisemblance, de conclure que le traumatisme a eu lieu pendant la vie. Ces lésions ont paru aux experts avoir été occasionnées par l'introduction d'un corps dur dans la bouche destiné à étouffer la victime. Il faut ajouter que les viscères contenaient une certaine quantité d'un poison violent, le cyanure de mercure ; toutefois, l'expertise toxicologique n'est pas concluante.

On peut, dans ces conditions, *formuler l'hypothèse* que la résistance de Noël a été vaincue par un coup violent à la mâchoire. L'agresseur, tenant sa victime assommée de la main gauche, l'a alors frappée sauvagement à la face, ainsi que l'ont supposé les experts avec un outil, tel un arrache-pneu, qui, après avoir brisé les dents, est entré dans la gorge et a déterminé l'asphyxie.

Si le mobile du meurtre n'est pas nettement établi, il paraît extrêmement vraisemblable qu'Alexis a voulu, en faisant disparaître Noël, supprimer celui qu'il considérait comme le promoteur d'une campagne de presse prochaine risquant de faire échouer une affaire dont devait sortir pour Alexis la fortune ou la ruine. Et même, s'il n'accordait pas à Noël une telle importance, il peut avoir songé que sa disparition mystérieuse serait un salutaire avertissement, dont les polémistes éventuels comprendraient facilement la signification et la portée. Enfin, Alexis a été confirmé dans sa résolution criminelle par une question de sentiment, le désir de débarrasser une femme aimée d'un mari qui ne savait pas la comprendre et la traiter comme elle le méritait.

L'ignorance où l'on se trouvait des circonstances exactes du crime a fait supposer un moment que le meurtrier avait eu des complices, et particulièrement les chauffeurs Nguyên-Van-Dan et Nguyên-Van-Hinh, mais ceux-ci ont pu justifier de l'emploi de leur temps et aucune charge ne subsistant contre eux, ils ont bénéficié d'une ordonnance de non-lieu.

Les relations suivies entre Alexis et Mme Noël et leurs nombreuses entrevues pendant les journées qui ont précédé le crime ont naturellement fait envisager la complicité de Mme Noël, au moins par instructions données. Mais l'information n'a pu établir à son encontre que ses relations avec Alexis, l'antipathie qu'elle affichait pour son époux et son peu d'empressement à lui rendre les derniers devoirs, toutes charges insuffisantes pour établir sa complicité.

Maurice Alexis n'a pas d'antécédents judiciaires.

En conséquence,

Le susnommé Maurice Alexis est accusé d'avoir à Hanoï, entre le huit et le onze juillet 1927, en tout cas depuis un temps non prescrit, commis un homicide volontaire sur la personne du sieur Noël (Ernest), avec cette circonstance que ce crime a été commis avec préméditation.

Crime prévu et puni par les articles 295, 296, 297, 302 du Code pénal.

Fait au Parquet général à Hanoï, le 1er décembre 1927.

Le Procureur Général,

Signé : GUISELIN.

P. C. C.

Extrait de « L'Impartial », du 26 février 1929.

Ce n'est pas Alexis qui a tué Noël

Nous avons indiqué le nom du criminel aux magistrats. Cet individu a été entendu à l'instruction, mais c'était l'ami intime du commissaire spécial Arnaud et le familier du juge d'instruction chargé de l'enquête dans l'affaire Alexis, lequel juge d'instruction le recevait dans son cabinet en ami. Ce qui fit dire à M. de Montpezat : « Je ne savais pas que le cabinet d'instruction fût le dernier salon où l'on cause. »

Le mobile du crime n'a jamais pu être établi et les magistrats ont reconnu, tant la Chambre des mises que la Cour criminelle, qu'il y avait des trous dans l'instruction.

Quelques jours avant l'audience, nous nous entretenions avec M. Arnaud des complicités autour du crime et M. Arnaud de nous répondre : « Si vous saviez, dans cette affaire, les saletés qu'on me fait commettre. »

Pour qu'il n'y ait pas d'équivoque, disons tout de suite que la magistrature, nous voulons parler du Parquet Général, de la première Présidence et de la Chambre des Mises ne peuvent être effleurés du moindre soupçon. L'honneur de la magistrature restera intact. M. le procureur général Guiselin, le dernier jour de l'audience l'a établi sans qu'aucune discussion soit possible...

Extrait du « Colon Français » du 9 mars 1929

...Quelles saletés a-t-on fait commettre à M. Arnaud ? (Déclaration Lorenzi dans *L'Impartial*...)

Copie d'une lettre adressée par Alexis à M. Varenne et restée sans réponse.

Hanoï, le 22 octobre 1927.

Monsieur le Gouverneur Général,

A la suite de la longue instruction de la triste affaire de l'assassinat de Noël, dans laquelle je suis si terriblement accusé, il semblerait ressortir que j'aurais commis un si horrible crime pour deux raisons. L'une d'elles serait que Noël pouvait et aurait voulu pousser M. de Montpezat à faire une campagne de presse dans son journal contre la facilité que votre Gouvernement aurait pu donner à celui du Sud de la Chine de transiter, par le Tonkin, de l'opium du Yunnam pour la consommation de ses provinces. Il paraîtrait que j'aurais alors éprouvé de sérieuses craintes pour la réalisation de ce projet de transit et, qu'en conséquence, pour empêcher Noël de commettre une action qui aurait été contraire à certains de mes intérêts, je l'aurais tué.

Il me coûte horriblement d'employer ici des mots qui, seuls, sans même tenir compte de l'idée qu'ils représentent, me font frémir. Mais il s'agit de rester dans la note exacte des présomptions de l'instruction, je dois donc les écrire en même temps que je dois, malheureusement mais également, associer mon nom à la très triste mort de Noël.

Comme je l'ai déclaré à M. le Juge d'Instruction, Noël ne pouvait aucunement porter entrave aux actions du Gouvernement de l'Indochine; ni M. de Montpezat non plus à mon avis. Il ne savait d'ailleurs pas ce que j'avais dit et fait depuis le mois de juin 1926, à Dalat.

Noël m'avait bien dit le 1er juillet dernier, au cours de quelques instants de conversation que j'avais eue avec lui au café du Coq d'Or, un soir, et alors qu'il tenait à la main un numéro de la *Volonté Indochinoise*, que M. de Montpezat allait bientôt faire une campagne, à la suite de celle en cours sur la « traite des jaunes », au sujet des relations de l'Indochine et de la Chine du Sud et aussi au sujet du transit de l'opium. C'est absolument tout.

Connaissant le caractère de Noël qui l'invitait à causer, sans réflexion, de ce qu'il entendait, je n'ai pas jugé à propos de donner suite à cette conversation. Je n'en ai d'ailleurs tenu aucun compte.

Vous voilà, M. le Gouverneur Général, aussi bien renseigné que moi-même sur ce point.

Or, si j'avais eu les « grandes craintes » qu'on me suppose en m'accusant, il me semble que je vous en aurais certainement fait part le lundi 4 juillet, lorsque j'ai eu l'honneur de vous voir. Il n'en a rien été. Je ne vous ai parlé ni de craintes présentes et mêmes futures, ni de campagne de presse, ni de *Volonté Indochinoise*, ni de M. de Montpezat. Absolument rien de tout cela.

C'est ce que je vous prie de vouloir bien avoir l'extrême obligeance de me confirmer ou de confirmer à M. le Juge d'Instruction ou à M. le Procureur Général. Je suis désolé d'avoir à vous déranger, mais vraiment, je le dois.

Depuis trois mois je crie que je suis innocent, que je ne suis pas capable de commettre une crime, que je n'en ai pas commis, que je n'en avais aucune raison; j'ai dit tout ce que j'avais à dire et je ne suis pas cru ! Je joue terriblement de malheur ; il faut voir le dossier, c'est affreux ! Jusqu'aux médecins qui se trompent — et ils sont de bonne foi cependant et ont fait le plus consciencieux travail — dans les conclusions de leur autopsie !

Je ne vous écris pas davantage, je pense qu'il me suffit d'ajouter très simplement que tel vous m'avez vu et connu, tel je suis resté.

Du fond de ma prison — où je suis aussi bien qu'on puisse le désirer en ces lieux (ordre, propreté, correction, traitement matériel, humanité, etc...).

Je vous prie d'agréer, Monsieur le Gouverneur Général, mes bien tristes et très respectueuses salutations.

Signé : Alexis.

Copie de la lettre de M. Sauterey à l'avocat d'Alexis

Dôle, le 23 mai 1930.

Monsieur l'avocat d'Alexis, ex-pilote à Haïphong,
Paris.

Veuillez m'excuser si la déclaration que je fais est tardive et je dois, pour expliquer ce retard, reprendre les faits dans leur ordre chronologique.

J'ai résidé au Tonkin depuis le mois le juillet 1923 au mois de juin 1927 et pendant cette période, ayant toujours habité Hanoï, j'ai bien connu Alexis et Noël.

Je tiens en passant à signaler que le premier m'a toujours paru, en tant que relations d'amitié, un excellent camarade incapable de faire du mal à qui que ce soit, et toujours prêt à rendre service. Noël, bon camarade aussi, avait un gros défaut, l'orgueil, doublé d'une activité bourdonnante qui orientait toujours ses entreprises, ses actions vers une satisfaction immodérée de soi-même. Dans son service il se jugeait toujours indispensable, comme ancien combattant, officier de réserve — je suis également les deux. — Il s'agitait pour obtenir à plus bref délai la Légion d'honneur et le grade de capitaine. Il était très lié à M. de Montpezat, dont le moins que je puisse dire, c'est que j'aurais préféré être son ennemi que son ami.

Un jour, et c'est ici que commence ma déclaration, en fin 1926, je me promenais seul rue Paul-Bert, vers 6 heures du soir, lorsqu'à la hauteur de la brasserie du Coq d'Or je rencontrai Noël plus agité qu'à l'ordinaire et qui me tint ces propos : « On vient de découvrir l'existence d'une organisation bolcheviste au Tonkin, et il est nécessaire de réagir. Avec de Montpezat, j'organise une ligue anti-bolchevique dont je pense que les anciens combattants seront les adhérents les plus actifs. Je compte d'ailleurs sur vous. » N'étant nullement militant j'ai décliné purement et simplement l'offre qui m'était faite.

A quelque temps de là, je rencontrai Noël qui venait assister à une manœuvre organisée entre Bac-Ninh et le Pont des Rapides, et dont le thème était le suivant : un mouvement de retraite pouvait-il être exécuté en plein jour dans le delta, sans que l'aviation ennemie puisse le déceler ? Comme les officiers de réserve étaient transportés dans une seule camionnette, je me suis placé, pendant le voyage, aux côtés de Noël et lui demandai, au cours de la conversation que nous eûmes ensemble, si son action anti-bolchevique prenait tournure. Il me répondit : Ça marche.

J'étais absent d'Hanoï au moment du procès d'Alexis et n'en ai eu que de vagues échos qui n'ont pas particulièrement fixé mon attention.

Mais lors de mon retour en France, tant sur le bateau qui me transportait *L'Explorateur Grandidier*, qu'à Marseille à mon arrivée, le 21 avril dernier, qu'à Paris ensuite, il me fut prouvé que l'enquête de la Sûreté n'avait pas été aussi minutieuse qu'elle l'aurait dû. Que des dispositions, des faits nouveaux s'étaient trouvés, tous éléments battant en brèche, nombre de preuves parues inattaquables. C'est alors que dans mon esprit les événements : mort de MM. Vire, Bazin, etc..., assassinats d'indigènes sans autre explication que raisons politiques, troubles du Tonkin, s'associant à la conversation tenue avec Noël, puisque tous se ramenaient à un mouvement bolchevique, j'en conclus que la version du crime fournie par Alexis prenait une allure de vérité. Raison qui me fit vous écrire.

Veuillez agréer, Monsieur l'Avocat, l'assurance de mes sentiments les meilleurs.

Signé : Sauterey.

Sauterey (Marcel-Jean), commis des Douanes et Régies de l'Indochine en congé, 6, rue des Arènes, Dôle-du-Jura.

Vu pour certification de la signature de M. Sauterey (Marcel), apposée ci-dessus.

Dôle, le 23 mai 1930.
Pour le Maire et les Adjoints empêchés,
Le Conseiller Municipal.

Mairie de Dôle
(Jura)

Conclusions déposées par Me Mandrette, avocat d'Alexis et rejetées successivement par M. le Président Favreau et par la Cour Criminelle.

A Monsieur le Président de Chambre Favreau,
Président de la Cour Criminelle
de Hanoï, Session Française.

Monsieur le Président,

M. Maurice Alexis, accusé de l'assassinat de M. Noël et renvoyé après cassation d'un premier arrêt de condamnation devant la Cour Criminelle de Hanoï pour y répondre de cette accusation, au cours des débats dont l'ouverture est fixée au 25 février courant, à huit heures du matin.

A l'honneur de vous exposer :

Entre autres charges, l'accusation retient contre lui trois ordres de circonstances, qu'elle juge des plus graves, et qui ont certainement commandé le verdict affirmatif du mois de mars 1928.

Ces circonstances sont les suivantes :

I. — *Expertise médico-légale.*

Les conclusions de l'expertise des docteurs Le Roy des Barres et Blot, d'après lesquelles M. Noël n'aurait pu succomber à des coups de feu parce que aucune trace de balle n'existerait sur les parties (tête, face, cou) du cadavre et dans la direction indiquée par l'accusé.

Après avoir noté que l'accusation, qui reprend les mêmes thèses qu'en mars 1928, tire de ces conclusions des déductions beaucoup plus formelles que les experts, il convient d'observer que l'état de décomposition, de putréfaction avancé du cadavre ne permettait, à l'examen des parties molles de la tête et du cou, aucune espèce d'affirmation de ce genre ; tout au contraire, le trajet d'une balle ayant pu être masqué précisément par les modifications imprimées aux tissus par la décomposition.

L'examen des parties osseuses correctement interprété, loin d'infirmer l'hypothèse de la mort par traumatisme dû à une balle, concorde avec cette hypothèse mieux qu'avec toute autre.

Ces conclusions absolument contraires à celles des docteurs

Le Roy des Barres et Blot sont celles du docteur Dupinet de Paris, qui a été appelé à faire la critique du rapport des experts et a rédigé un rapport officieux dont original ci-joint.

On peut dire, d'ores et déjà, que l'information suivie par le Juge d'Instruction ne saurait sur ce point de première importance être d'aucun secours, et qu'il importe, dans l'intérêt de la vérité de soumettre le rapport des experts à une critique officielle de trois médecins légistes de Paris, parmi lesquels figurerait le docteur Paul, expert près la Cour et les Tribunaux de la Seine.

A ces trois médecins seraient remis copies conformes des :

1° Rapport des experts Le Roy des Barres et Blot. P. N° 110, 1er septembre 1927 ;

2° Rapport de M. le docteur Darbes. P. N° 109, 21, 23 juillet 1927 ;

3° Déclaration du docteur Darbes devant M. le Juge d'Instruction. P. N° 224, 16 août 1927 ;

4° Note du docteur Le Roy des Barres. P. N° 102 ;

5° Déclaration du docteur Blot devant M. le Juge d'Instruction. P. N° 271, 12 septembre 1927 ;

6° Déclaration du docteur Blot devant M. le Juge d'Instruction. P. N° 311, 18 octobre 1927 ;

7° Déclaration du docteur Le Roy des Barres devant M. le Juge d'Instruction. P. N° 312, 18 octobre 1927 ;

8° Rapport chimico-légal de M. Colin du 24 septembre 1927 ;

9° P. V. de M. le tri-huyen de Binh-Huyen, 12 juillet 1927. P. N° 123 ;

10° Déposition du même des 13 juillet et 9 août 1927. Pièces N° 127-43 et 195 ;

11° Toutes autres pièces que vous jugeriez utiles.

Aux nouveaux experts seraient posées les questions suivantes :

1° Est-il possible de faire une autopsie ayant une valeur réelle, quatorze jours après la mort avec un séjour de quatre jours dans l'eau, en été, au Tonkin ?

2° Cette autopsie n'est-elle pas, dans une large mesure, condamnée à un échec, par une autopsie antérieure, ayant modifié plus particulièrement les régions anatomiques incriminées ?

3° Est-ce que dans le cas particulier de Noël les plaies ont pu être toutes examinées, toutes retrouvées, toutes interprétées d'une façon scientifique et objective ?

4° Que pensez-vous des conclusions du rapport de l'expert Le Roy des Barres ?

Questions posées à M. le docteur Dupinet et résolues officieusement par lui.

Et en outre :

5° A la suite d'un coup de revolver tiré à la base du crâne, par derrière la victime saigne-t-elle abondamment ?

Pendant combien de temps ?

6° Une telle blessure, à la suite d'un ou deux coups de revolver, tirés de biais, est-elle mortelle, instantanément ?

7° En admettant que la victime ait été tuée en dehors de l'auto de la manière supposée par les experts Le Roy des Barres et Blot, puis chargée dans cette même auto et transportée étendue sur le tapis arrière de la voiture, saignera-t-elle abondamment par la bouche ou autrement et pendant combien de temps ? Le sang pourra-t-il tacher profondément et largement le tapis ? Ne se coagulera-t-il pas au lieu de se répandre ?

II. — *Tache de sang sur le tapis de la voiture.*

L'accusation admet que Noël a été frappé sauvagement au moyen d'un démonte-pneu sur les maxillaires.

Qu'il est mort de ces coups, puis que le cadavre a été placé par l'assassin sur la partie arrière de l'auto comme un paquet et le sang coulant sur le tapis a provoqué une tache de forme particulière.

La réponse que donneront les experts à la question 7 ci-dessus permettra de se rendre compte de la quantité de sang qui, dans l'hypothèse de l'accusation, a pu s'épancher sur le tapis.

Or, ce premier point élucidé, une deuxième question se pose :

Etant donné la position du cadavre telle que nous la décrit l'accusation ou tout autre position possible, « en paquet ».

Etant donné, d'autre part, la quantité de liquide qui doit se répandre, celui-ci, par rapport à toutes les positions possibles du cadavre, pourra-t-il former une tache de la figure géométrique relevée ?

Pour résoudre cette question — également de la dernière importance — il est absolument nécessaire d'effectuer une reconstitution du crime, sur ce point, en présence de l'accusé et de son défenseur.

III. — *Affaires d'opium.*

L'accusation donne au crime, comme principal mobile, le fait qu'Alexis a été empêché de toucher la fortune par l'action de Noël. Alexis, était dit-on, sur le point de réaliser une colossale affaire d'opium ; Noël s'est mis en travers et la menace d'une campagne de presse à l'instigation ou sur les renseignements donnés par Noël a déterminé le Gouvernement à refuser à Alexis les faveurs qu'il allait lui accorder.

Il importe de remarquer que si des pièces existent bien au dossier, relatives à des affaires d'opium, jamais Alexis n'a été appelé à les discuter. Elles ont plané sur les débats, mais on n'a point examiné contradictoirement les rapports qu'elles pouvaient avoir avec les faits reprochés à Alexis ni en quel état, en quel progrès, chacune se trouvait au moment du crime et quelle importance devait légitimement leur attribuer Alexis.

Finalement, l'impression est demeurée vague mais puissante qu'Alexis était un des bénéficiaires de la vente de l'opium de Bénarès (vente frauduleuse avec faux) dont parle M. de Montpezat dans sa déposition, qui devait rapporter plus de 200.000.000 de francs par an.

Or, le dossier fait allusion à trois affaires d'opium.

1° Achat d'opium du Yunnan (4.000 tonnes) pour le compte du Gouvernement de Canton et transit, par l'Indochine, de cet opium.

Cette affaire est normale. Elle avait reçu l'attache du Gouvernement local, du Gouvernement Français, du Ministre de France à Pékin. Elle se prolongeait par la mise en service d'un bateau qu'aurait commandé Alexis entre Haïphong et Canton.

2° Achat d'opium de Bénarès (100 caisses) à Bénarès par un groupe chinois de Shanghaï à la tête duquel se trouvait M. Durand. Alexis aurait simplement assuré le transport. Contrat Durand-Alexis, qui devint caduc en avril 1927. Au surplus, le groupe chinois n'a jamais consigné les fonds. Cette affaire avait été abandonnée bien avant le crime.

3° Proposition d'un groupe chinois de Hong-Kong à Alexis, dans le but d'obtenir 100 caisses de Bénarès qui auraient été achetées à la Douane indochinoise sur le stock destiné à Quang-Tchéou-Wan.

Cette affaire ne fut qu'esquissée ; elle ne pouvait réussir et Alexis, après en avoir parlé à tout hasard à M. le Gouverneur Général, ne donna pas suite.

De ces trois affaires, la première, normale, n'est pas reprochée à Alexis, pas même par M. de Montpezat qui juge de pareilles opérations utiles et politiques pour le Gouvernement.

La seconde ne regardait nullement le Gouvernement Français, mais le Gouvernement Anglais et le groupe chinois de Shanghaï.

Reste la troisième, 100 caisses, qui ne saurait avoir rien de commun avec l'opération formidable à laquelle l'accusation fait des allusions imprécises à la suite de M. de Montpezat en réclamant cependant la peine de mort contre Alexis.

Il importe de situer cette troisième affaire.

Pour cela, M. le Gouverneur Général Varenne doit être appelé à répondre officiellement aux questions suivantes :

1° Alexis a-t-il fait auprès de vous, en votre qualité de Gouverneur Général de l'Indochine, des démarches au cours desquelles, se réclamant de ses bonnes relations avec le Gouvernement de Canton, il a sollicité au nom et pour le compte de ce Gouvernement l'autorisation de transiter par l'Indochine un certain nombre de tonnes d'opium du Yunnan ?

2° Cette affaire ne se présentait-elle pas comme une opération régulière, possible et légale dans son principe ; n'a-t-elle pas été instruite et n'a-t-elle pas fait l'objet d'une procédure qui devait, toutes conditions nécessaires étant remplies, aboutir à une réponse favorable au Gouvernement de Canton ?

3° Cette affaire n'était-elle pas d'autant plus politique que les intérêts français devaient en bénéficier et sur la frontière sino-indochinoise et par des facilités commerciales entre l'Indochine et Canton auxquelles la mise en service d'un bateau sur la ligne Haïphong-Canton, avec l'appui moral du Gouvernement de l'Indochine, par Alexis, devait concourir ?

4° Toutes les démarches d'Alexis auprès de vous — sauf ce qui va être dit plus bas — ne tendaient-elles pas à la réussite de cette affaire au-dessus de toute critique, où tout le monde, la France, la Chine et Alexis auraient trouvé leur compte ?

5° Accidentellement, Alexis ne vous a-t-il pas demandé s'il serait possible au Gouvernement de l'Indochine d'accorder à un groupe chinois de Hong-Kong une cession de 100 caisses d'opium de Bénarès à prendre sur le stock de Quang-Tchéou-Wan ?

6° Alexis ne vous a-t-il pas indiqué, à cette occasion, que le bénéfice que le Trésor public retirerait de cette deuxième affaire lui permettrait, à la suite d'un contrat à passer avec le Gouvernement de l'Indochine, de hâter l'achat du bateau qu'il comptait mettre sur la ligne Haïphong-Canton, à propos et comme complément de la première affaire ?

7° La démarche d'Alexis touchant cette deuxième affaire n'était-elle pas identique à toutes celles — très nombreuses — dont les Gouverneurs Généraux et Directeurs des Douanes sont l'objet, c'est-à-dire ne se réduisait-elle pas à la question de savoir si la chose était possible, en l'état ?

8° Touchant cette deuxième affaire, Alexis a-t-il insisté, vous en a-t-il parlé fréquemment, donnant ainsi l'impression qu'il y attachait une importance capitale, ou au contraire vous êtes-vous rendu compte que cette affaire n'avait pour lui qu'un intérêt accessoire, ses préoccupations essentielles portant sur la réussite de la première affaire Transit pour le compte du Gouvernement de Canton ?

Attendu qu'il appert de ce qui précède qu'il est absolument indispensable pour la manifestation de la vérité de compléter et de contrôler les résultats de l'information sur les trois points susénoncés, afin de réduire à néant les obscurités et les contradictions qu'elle renferme ;

Que ce complément et ce contrôle constituant un supplément d'instruction qu'il est de votre pouvoir discrétionnaire seul de prescrire (Dalloz, Répertoire Pratique V°, Instruction Criminelle N° 1417) ;

Mais attendu que la nécessité de faire procéder à un complément d'expertise en France et à l'audition d'un témoin aussi en France, oblige le renvoi de cette affaire à une session ultérieure ;

Attendu que le droit de décider ce renvoi dépend également de votre pouvoir discrétionnaire absolu aux termes de l'article 152 du décret du 16 février 1921 qui reproduit en l'étendant l'article 306 cod. Instr. Crim. tant que la Cour n'est pas saisie (Dalloz V° Citato N°s 1331, 1332, 1334 et suivants) ;

Et que, à l'heure actuelle, cette Cour n'est pas saisie puisqu'elle ne le sera que par la formation du jury de jugement, c'est-à-dire par le tirage au sort des assesseurs de jugement, qui ne saurait avoir lieu qu'après l'appel de l'affaire le 25 février prochain (décret février 1921, art. 158 et Dalloz V° citat. 4° 1333) ;

Attendu que les raisons tirées de l'obscurité et des carences de l'instruction sur les points essentiels susindiqués se corroborent, en l'espèce, des puissants motifs dérivant de la stricte justice due à l'accusé d'un crime capital et qui doit porter à ne rien négliger pour établir, sur sa demande, toute la lumière ;

Que si, par impossible, votre réponse à la présente requête était défavorable, il ne serait possible, en présence des droits de la défense et des devoirs de votre charge que d'en induire que ces obscurités, carences et contradictions doivent, dans votre esprit, s'interpréter absolument en faveur de l'accusé.

Par ces motifs, M. Maurice Alexis supplie qu'il vous plaise, Monsieur le Président,

Renvoyer la présente affaire pour supplément d'instruction à telle session future qu'il vous plaira indiquer, mais toutefois assez éloignée pour que ladite instruction supplémentaire puisse être close.

Et ordonnant ce supplément d'instruction,

Commettre en vertu de votre pouvoir discrétionnaire, Monsieur le Doyen des Juges d'instruction de la Seine ou tel autre magistrat qu'il vous plaira désigner

Pour :

I. — Commettre trois experts médecins légistes près les tribunaux et la Cour de la Seine, dont le docteur Paul, aux fins :

De recevoir communication des documents énumérés plus haut, rubrique 1, N°s 1° à 11° inclus ;

De répondre ensuite, sur le vu de ces documents, aux questions énumérées également sous même rubrique N°s 1° à 7° inclus et à toutes autres que vous croiriez devoir poser.

II. — Entendre M. Varenne, Gouverneur Général de l'Indochine, dans ses réponses aux questions énumérées sous la rubrique III ci-dessus N°s 1° à 8° inclus et à toutes autres qu'il vous plairait pour :

III. — Ces contre-expertise et audition terminées, procès-verbaux et documents de toute nature recueillis vous être adressés avec les pièces communiquées.

Dire par ailleurs que, dès le retour du dossier de la contre-expertise et de l'audition de M. Varenne, il sera procédé à une reconstitution du crime tel que le présente l'accusation, à l'effet de déterminer, dans toutes les positions possibles du cadavre, les traces que l'épanchement sanguin pouvait normalement laisser sur le tapis.

Et vous ferez justice.

Sous toutes réserves d'ajouter ultérieurement à la présente requête et de tous moyens, s'il échet, devant la Cour Criminelle.

Hanoï, le 21 février 1929.

P. C. C.

Signé : Illisible.

Imprimerie Dubois et Bauer, 34, rue Laffitte, Paris. 1930.

www.ingramcontent.com/pod-product-compliance
Ingram Content Group UK Ltd.
Pitfield, Milton Keynes, MK11 3LW, UK
UKHW020443180726
13839UKWH00004B/1589

9 782329 583396